人は、なぜ、
歎異抄に魅了されるのか
TANNISHO

伊藤健太郎
「歎異抄をひらく」映画製作委員会

1万年堂出版

はじめに

『歎異抄《たんにしょう》』は七百年前の鎌倉時代《かまくらじだい》に書かれ、屈指《くっし》の名文と誉《ほま》れ高《たか》い。文体の美しい古典なら、『平家物語《へいけものがたり》』はじめ『方丈記《ほうじょうき》』や『徒然草《つれづれぐさ》』なども挙げられるが、それらと大きく異なるのは、『歎異抄《たんにしょう》』が危険な書として、近代まで封印《ふういん》されていたことである。

その存在が一般《いっぱん》に知られるようになったのは、わずか百二十年前、明治維新《めいじいしん》で日本が近代化されてからのことだった。設立して間もない東京大学で哲学《てつがく》を学んだ、当時最高レベルの知識人が『歎異抄《たんにしょう》』に惚《ほ》れ込《こ》み、その魅力《みりょく》を語るや、思想家も文学者も、こぞって取り上げ、爆発的《ばくはつてき》に広まったのである。以来、人気ナンバーワンの仏教書として不動の地位を確立し、書名に「歎異抄《たんにしょう》」の入った本は、戦後七十年で七百冊を超《こ》える。

『歎異抄《たんにしょう》』には謎《なぞ》が多く、著者も不明だが、親鸞聖人《しんらんしょうにん》の門弟の一人、唯円《ゆいねん》だというのが定説である。全部で十八章から成り、前十章は親鸞《しんらん》聖人《しょうにん》のお言葉をそのまま収録している。残り八章は、聖人《しょうにん》亡《な》き後に広まった異説を歎《なげ》き、その誤りを正したものである。

『歎異抄《たんにしょう》』は今日《こんにち》、親鸞思想《しんらんしそう》の最良の「入門書」と位置づけられている。だがそれはある意味、『歎異抄《たんにしょう》』最大の誤解である。『歎異抄《たんにしょう》』は、浄土真宗《じょうどしんしゅう》（親鸞聖人《しんらんしょうにん》の教え）を学んでいる人に向けられた「専門書」であり、特に後半は難解な用語が並ぶ。最も深い教理の真髄《しんずい》を突《つ》く本だから、一般《いっぱん》の人が読んでも、理解できないどころか、甚《はなは》だしい誤解をする落とし穴がある。五百年前、その危うさをいち早く見抜《みぬ》かれた蓮如上人《れんにょしょうにん》は、『歎異抄《たんにしょう》』を浄土真宗《じょうどしんしゅう》の大切な教本と尊重しつつも、「仏法《ぶっぽう》の理解の浅い人に読ませてはならぬ」と禁書扱《きんしょあつか》いにされた。

それはまさしく両刃《もろは》の剣《つるぎ》であり、手引きなしに読めるものではない。しかし、そこに厳選された金言は、人生のあらゆる苦しみを癒《い》やしてくれる。信じていたものに裏切られ、力も尽《つ》き涙《なみだ》も枯《か》れた人には、二度と捨てられぬ幸福の厳存を、第一章で「摂取不捨《せっしゅふしゃ》の利益《りやく》」と宣言されている。

どんなに壁《かべ》が厚くとも、あきらめる必要はない。思いどおりにならぬ、障《さわ》りだらけの世の中で、さえぎるもののなき自由に飛翔《ひしょう》できることを、第七章は「無碍《むげ》の一道《いちどう》」と励《はげ》ます。その至福は、どんな富も名声も及《およ》ばぬ、いかなる想像も超《こ》えた、夢より遠い世界である。

クライマックスは第三章の、「善人《ぜんにん》なおもって往生《おうじょう》を遂《と》ぐ、いわんや悪人《あくにん》をや」（善人でさえ浄土《じょうど》へ往《ゆ》けるのだから、悪人はなおさらだ）という一節だろう。悪人こそ救われる。それは、最も苦しんでいる人にこそ、誰《だれ》よりも光を放つ幸せが開かれていると保証する、宇宙最高の希望である。

かかる名著が知られないのは人生、いや人類の損失でなかろうか。

いかに宣揚《せんよう》するか、考えあぐねていた令和《れいわ》元年（二〇一九）五月、『歎《たん》異抄《にしょう》』が初めてアニメ映画化される「事件」が起きた。最もハードルが低く、最も間口の広い入門といえよう。その秀逸《しゅういつ》な脚本《きゃくほん》を書籍化《しょせきか》するにあたり、蛇足《だそく》ながら『歎異抄《たんにしょう》』成立の背景と、明治時代に「発見」されてからの反響《はんきょう》を添《そ》える機会を頂いた。

世界に誇《ほこ》る古典へ誘《いざな》う一助になればありがたい。

令和《れいわ》元年　新緑

著者識《しる》す

人は、なぜ、歎異抄に魅了されるのか

目次

第1部

人は、なぜ、これほどまでに、『歎異抄』に魅了されてしまうのか

第1部

人は、なぜ、これほどまでに、『歎異抄』に魅了されてしまうのか

『歎異抄《たんにしょう》』は永らく封印《ふういん》されていたが、約百二十年前（明治三十年代）、ある機縁《きえん》で一般《いっぱん》に紹介《しょうかい》され始めると、瞬《また》く間《ま》に広まり、今日《こんにち》に至る。

その百二十年の間、日本は奇跡《きせき》の成長で第一次大戦後には世界の五大国にのし上がり、敗戦の挫折後《ざせつご》も再び奇跡《きせき》の復興を遂《と》げた。その激動に翻弄《ほんろう》される日本人に、希望と癒《い》やしを与《あた》え続《つづ》けたのが『歎異抄《たんにしょう》』である。

怒濤《どとう》の世紀を概観《がいかん》し、『歎異抄《たんにしょう》』の魅力《みりょく》を一端《いったん》なりと紹介《しょうかい》したい。

第一章　明治の陶酔

近代化に戸惑う青年

産業革命を果たした欧米列強《おうべいれっきょう》は、十九世紀に入ると植民地を求め、アジアに押《お》し寄《よ》せた。清《しん》（現在の中国）はイギリス、アメリカ、フランスに侵略《しんりゃく》され、不平等な条約を結ばされる。江戸《えど》の二百六十年を鎖国《さこく》で通し、世界から取り残された日本など、占領《せんりょう》されるのは時間の問題だった。国家存亡の危機に明治政府は、近代化を強力に推進する。

最先端《さいせんたん》の技術や知識を導入すべく、明治十年（一八七七）、東京大学が設立される。

近代化を急速に推進した明治時代の横浜港

国民に西洋の教育が徹底《てってい》され、合理的な思考、科学的な態度が浸透《しんとう》すると、「神も仏も迷信なり」という風潮が広まった。だが、合理主義で我々の魂《たましい》は救われぬ。真の宗教が待望されていた。

明治後半は、人生の意義に悩《なや》む若者が多く、岩波茂雄《いわなみしげお》（岩波書店《いわなみしょてん》の創業者）は「煩悶《はんもん》の時代」と命名している。それを象徴《しょうちょう》するのが明治三十六年（一九〇三）、人生「不可解」の恨《うら》みを抱《いだ》いて華厳《けごん》の滝《たき》に身を投げた、藤村操《ふじむらみさお》の自殺だった。

東京で仏教改革、始まる

ちょうどその頃《ころ》、東大哲学科《てつがくか》を卒業し、西洋哲学《せいようてつがく》を教えていた講師の中に、『歎異抄《たんにしょう》』に惚《ほ》れ込《こ》み、堕落《だらく》した葬式仏教《そうしきぶっきょう》の改革に転身する者が一人、また一人と現れた。彼《かれ》らは、それぞれにグループを作り、『歎異抄《たんにしょう》』の講演をしたり、雑誌に解説を連載《れんさい》するなど、精力的に信仰運動《しんこううんどう》を始めた。

近代日本の礎《いしずえ》を築く、多くの青年婦女子が、こぞって講話に集まり、各界に影響《えいきょう》を与《あた》えたことが記録に残っている。日本精神分析学会《にほんせいしんぶんせきがっかい》の初代会長、古澤平作《こざわへいさく》もその一人だった。古澤《こざわ》は浄土真宗《じょうどしんしゅう》の教えをもとに「阿闍世《あじゃせ》コンプレックス」という概念《がいねん》を生み出し、その後の日本の精神分析界《せいしんぶんせきかい》を代表する、小此木啓吾《おこのぎけいご》や土居健郎《どいたけお》を育てた。

哲学《てつがく》に関心のある若き知識人も参集し、後《のち》に日本を代表する哲学者《てつがくしゃ》となる三木清《みききよし》も、初めて見た『歎異抄《たんにしょう》』に深い感銘《かんめい》を受け、東京本郷《ほんごう》で聴《き》いた講義を忘れることがなかったという。

この信仰運動《しんこううんどう》がきっかけとなり、『歎異抄《たんにしょう》』が爆発的《ばくはつてき》に広まった。

京都の哲学に流れる『歎異抄』

明治四十三年（一九一〇）、京都大学に就任した西田幾多郎《にしだきたろう》は翌年、『善の研究』を刊行する。日本人による、初めての哲学書《てつがくしょ》として名高い。「超《ちょう》」がつくほど難解でありながら、専門外の人々も喜んで手に取ったのが特徴《とくちょう》である。

西田幾多郎
（1870 年生 -1945 年没）

日本には、西洋哲学《せいようてつがく》の輸入商人となり、他人の考えを語って専門家を名乗る「哲学研究者《てつがくけんきゅうしゃ》」はいても、自分の頭で考える「哲学者《てつがくしゃ》」はいないと批判されることが多い。そんな中、西洋哲学《せいようてつがく》を踏《ふ》まえたうえで、独自の思想を築いた「西田哲学《にしだてつがく》」は、日本唯一《ゆいいつ》の哲学《てつがく》と評される。この国で、西田《にしだ》に匹敵《ひってき》する成果を残した哲学者《てつがくしゃ》は現れていない。

もともと禅宗《ぜんしゅう》に深い関心のあった西田《にしだ》が、後《のち》に弟子《でし》が『歎異抄《たんにしょう》』を非常に尊重されていた」と回顧《かいこ》するほどに変わったのは、先に述べた信仰運動《しんこううんどう》の影響《えいきょう》が大きい。彼《かれ》らの雑誌に掲載《けいさい》された宗教哲学《しゅうきょうてつがく》に共感したと、本人が日記に書いているし、その雑誌に論文を寄せたこともある。

西田《にしだ》にとって「宗教」は、哲学《てつがく》の行き着くところ（終結）であり、最も重要なテーマだった。その宗教の考察に『歎異抄《たんにしょう》』を重視していたことは、著作から明らかだ。「宗教の極意《ごくい》」を説明する時は、『善の研究』でも論文「愚禿親鸞《ぐとくしんらん》」でも、『歎《たん》異抄《にしょう》』を引用している。さらに、死の二カ月前に書き上げた、西田哲学《にしだてつがく》の集大成「場所的論理と宗教的世界観」には、『歎異抄《たんにしょう》』の引用が四カ所もある。この論文は、浄土真宗《じょうどしんしゅう》を哲学的《てつがくてき》に表現しようとしたもので、「私は此《ここ》から浄土真宗的《じょうどしんしゅうてき》に国家というものを考え得るかと思う」という言葉で結ばれている。

浄土真宗《じょうどしんしゅう》から国家を考える大仕事は、後継者《こうけいしゃ》・田辺元《たなべはじめ》や、その弟子《でし》に引《ひ》き継《つ》がれた。日本哲学《にほんてつがく》の中心は京都だったといっても、大げさではなかろう。「西田哲学《にしだてつがく》」

「三木哲学《みきてつがく》」「田辺哲学《たなべてつがく》」など、人名を冠《かん》した哲学《てつがく》は皆《みな》、京都大学関係であり、東大教授の名がついた哲学《てつがく》は、内輪でしか聞かれない。最新情報を導入し国家近代化の使命を負った東大では、西洋と東洋を公平に見渡《みわた》す視野が育ちにくいのは、よく指《し》摘《てき》されることである。

第二章　大正の流行

親鸞ブームに火がつく

『歎異抄《たんにしょう》』を愛読していた倉田百三《くらたひゃくぞう》は、唯円《ゆいねん》の恋愛《れんあい》をテーマに戯曲《ぎきょく》を創作した。それが大正六年（一九一七）に出版された、『出家《しゅっけ》とその弟子《でし》』である。予想をはるかに超《こ》える支持を獲得《かくとく》し、近代を代表するベストセラーとなった。

この作品を皮切りに、大正後期は親鸞聖人《しんらんしょうにん》を描《えが》いた小説や戯曲《ぎきょく》が、毎月のように登場する。石丸梧平《いしまるごへい》『人間親鸞《にんげんしんらん》』が、当時異例の四十万部を突破《とっぱ》するなど、文芸界は「親鸞《しんらん》ブーム」に沸《わ》き、巷《ちまた》には「親鸞大流行《しんらんだいりゅうこう》」「親鸞風邪《しんらんかぜ》」の言葉が飛《と》び交《か》った。

日本の有頂天

この時代、ヨーロッパは第一次大戦（一九一四～一九一八）の主戦場となり、疲弊《ひへい》していた。そこに物資を輸出した日本は、空前の好景気を迎《むか》える。大戦後には国際連盟《こくさいれんめい》の常任理事国《じょうにんりじこく》、五カ国に選ばれ、大国の仲間入りをした。

民主主義を求める国民の声に、政府は大正十四年（一九二五）、普通選挙法《ふつうせんきょほう》を制定し、二十五歳以上の男性に選挙権を与《あた》えた。庶民《しょみん》を喜ばせる裏で、狡《こう》猾《かつ》にも同年に「治安維持法《ちあんいじほう》」が成立している。この悪法により、共産主義者

大正時代の銀座通り

だけでなく自由主義者、やがては役人に逆らった者まで逮捕《たいほ》・拷問《ごうもん》の末、時に処刑《しょけい》された。三木清《みききよし》も、最後の親鸞研究《しんらんけんきゅう》の完成を見ぬまま検挙され、牢獄《ろうごく》で非業《ひごう》の死を遂《と》げている。

第二章　昭和の敬慕

戦火に燃ゆ『歎異抄』

昭和に入ると、日本は軍国主義の性格を強め、いよいよ中国支配の野心を燃やす。諸国から食い物にされた清《しん》は、すでに滅亡《めつぼう》していた。大正元年（一九一二）に中華民《ちゅうかみん》国《こく》が成立したものの、国民党《こくみんとう》と共産党《きょうさんとう》の内乱が続き、統一の道のりは遠かった。日本陸軍は昭和七年（一九三二）、中国の東北一帯（満州《まんしゅう》）を占領《せんりょう》し、清朝《しんちょう》最後の皇帝《こうてい》・溥儀《ふぎ》を担《かつ》ぎ上《あ》げて満州国《まんしゅうこく》を建国した。国際連盟《こくさいれんめい》から非難されると、反発して連盟《れんめい》を脱退《だったい》、孤立《こりつ》を深める。

満州《まんしゅう》から中国全土に領土を広げようとした日本は、昭和十三年（一九三八）、国家総動員法《こっかそうどういんほう》を制定する。戦争のためならば、国家は人も財産も自由に取り上げられるようになった。かくて将来を夢みる青年が、国の命令一つで徴兵《ちょうへい》され、死と背中合わせの前線に送られた。

なぜ自分が、今、死ななければならないのか。悩《なや》み抜《ぬ》いた若者たちは、祖国のため、家族のため、と言い聞かせる。だが「これでは犬死にではないのか」の疑問は、どうしても拭《ぬぐ》えない。「何のために生きるか」分からぬ者に、

満州事変（昭和6年）

「何のために死ぬか」は分からぬ。生死《しょうじ》の大問題にぶち当たり、青年学徒は貪《むさぼ》るように『歎異抄《たんにしょう》』を読んだという。戦地に『歎異抄《たんにしょう》』を携《たずさ》える兵士も、少なくなかった。

小説家・司馬遼太郎《しばりょうたろう》は、『歎異抄《たんにしょう》』を「兵隊となってからは肌身離《はだみはな》さず持っていて、暇《ひま》さえあれば読んでいました」と述懐《じゅっかい》し、「無人島に一冊の本を持っていくとしたら『歎異抄《たんにしょう》』だ」と言い切る。

あまたの若人《わこうど》が、『歎異抄《たんにしょう》』を抱《だ》いて戦場に散った。

戦後も親鸞聖人への関心、高まる

昭和十四年（一九三九）、ヨーロッパで第二次世界大戦が始まると、ドイツは圧倒《あっとう》的《てき》な戦力でヨーロッパのほぼ全土を制圧。この勢いを買った日本とイタリアは、ドイツと三国同盟を結んで世界を敵に回した。

暴走する日本は昭和十六年（一九四一）、アメリカ開戦という最も愚《おろ》かな選択《せんたく》をし、太平洋戦争が始まる。真珠湾《しんじゅわん》奇襲《きしゅう》は成功したが、連戦連勝は半年しか続かない。ミッドウェー海戦で惨敗《ざんぱい》してからは撤退《てったい》、壊滅《かいめつ》、全滅《ぜんめつ》。ついに昭和二十年（一九四五）三月、沖縄《おきなわ》に上陸され、六月まで続いた激戦で十九万人が犠牲《ぎせい》になる。その半数が一般市民《いっぱんしみん》という、凄惨《せいさん》な結末だった。

八月六日、広島に原爆《げんばく》が投下される。十万の命を一瞬《いっしゅん》で奪《うば》った、史上最悪の虐殺《ぎゃくさつ》である。ついで長崎《ながさき》に原爆《げんばく》を落とされた日本は八月十五日、無条件降伏《むじょうけんこうふく》し、四年間の戦争に終止符《しゅうしふ》を打つ。

敗戦の年は、日本人が史上、最も貧《ひん》

広島への原子爆弾投下（昭和 20 年 8 月 6 日）

困《こん》にあえいだ年だった。配給される食《しょく》糧《りょう》は、必要カロリーの半分にも満たず、骨と皮に痩《や》せ細《ほそ》っていた。全国の大都市は無《む》差《さ》別《べつ》爆《ばく》撃《げき》で焼け野原と化し、住む場所さえないのだから、風《ふ》呂《ろ》もなければ、病院もない。

餓《が》死《し》者《しゃ》と病死者が続出する生《い》き地《じ》獄《ごく》で、橋の下や駅の構内に身を潜《ひそ》める日本人が救いを求めたのは、やはり親鸞《しんらん》聖人《しょうにん》だった。戦後出版された本の中で、いちばん多く語られた歴史上の人物は、親鸞聖人《しんらんしょうにん》といわれている。

聖人《しょうにん》の教えを知りたい人は、まず『歎異抄《たんにしょう》』を読む。だが自分では理解

敗戦で焼け野原となった東京（昭和20年10月）

できないから、解説書に頼《たよ》る。戦後の混乱が収まると、『歎異抄《たんにしょう》』解説が毎年、出版されるようになった。

明治から今日《こんにち》まで、書名に『歎異抄《たんにしょう》』とつく本だけでも、七百冊を超《こ》える。わずか原稿用紙《げんこうようし》三十枚の『歎異抄《たんにしょう》』が、七百年の時を超《こ》えて一国の魂《たましい》を揺《ゆ》さぶるとは、誰《だれ》も予見しなかったに違《ちが》いない。

第四章　平成の曙光

ヨーロッパを塗り替えた一冊

『歎異抄《たんにしょう》』の舞台《ぶたい》に国境はない。ヨーロッパに浄土真宗《じょうどしんしゅう》を広めたのは、日本の布教使ではなく、『歎異抄《たんにしょう》』だった。

それは一九五四年、冷戦に引き裂《ひさ》かれた町ベルリンの市民ハリー・ピーパーが、『歎異抄《たんにしょう》』ドイツ語訳と出会ったのが始まりである。当時、ヨーロッパで仏教といえばテーラヴァーダ（東南アジアに伝わった仏教）が主流であり、中国・日本で開花した大乗仏教《だいじょうぶっきょう》（浄土真宗《じょうどしんしゅう》や天台宗《てんだいしゅう》、真言宗《しんごんしゅう》など）は、禅宗《ぜんしゅう》が知られる程度であった。

大乗仏教《だいじょうぶっきょう》に関心を持ったピーパーは、師も文献《ぶんけん》もほとんどない中、研究グループに身を置き、多様な宗派の勉学に勤《いそ》しんでいた。そんな折、『歎異抄《たんにしょう》』の一説に釘《くぎ》付《づ》けとなり、読むほどに理解を深めた末、浄土真宗《じょうどしんしゅう》こそ自分の求めていた仏法《ぶっぽう》と確信する。親鸞聖人《しんらんしょうにん》の教えを伝える志を立て、僧侶《そうりょ》の資格を得たピーパーは二年後、ドイツに欧州《おうしゅう》初の真宗教団《しんしゅうきょうだん》を設立した。

氏は二度の大戦で塗炭《とたん》の苦しみを味わい、旧ソ連による捕虜生活《ほりょせいかつ》は病弱に追い打ちをかけた。米軍の通訳として多忙《たぼう》な日々を送り、激務は時に深夜に及《およ》んだが、ヨーロッパに必ず浄土真宗《じょうどしんしゅう》を普及《ふきゅう》させるという信念は固く、私財も労力も惜《お》しまなかった。

その辛苦《しんく》は、ドイツ内外で実を結ぶ。一九六〇年からピーパーと交流を始めた、オーストリア人のフリードリッヒ・フェンツェルは、その誠実さに打たれ自らも僧《そう》侶《りょ》となり、ザルツブルクに「オーストリア浄土真宗協会《じょうどしんしゅうきょうかい》」を発足させた。

ピーパーの献身《けんしん》で一九六四年、ハンガリーの首都ブダペストに寺院が建立《こんりゅう》される。

翌年にはドイツのミュンヘンにも、浄土真宗《じょうどしんしゅう》の施設《しせつ》が造られた。

それは病身を押《お》しての熾烈《しれつ》な活動だったことが、六十歳時の手紙から偲《しの》ばれる。

そこには、肉体の苦痛を乗《の》り越《こ》えさせる喜びと感謝が輝《かがや》き、生涯《しょうがい》を報恩に貫《つらぬ》く熱情がたぎる。

> 私の身体の状態について申しますと、一九六五年［著者注：五十八歳］と一九六六年とは病状がひどく、体のあちこちに激しい痛みを伴《とも》ない、非常に強い薬を服用してもおさまりませんでした。そういう状況《じょうきょう》にあっても、私は精神的にはかた時も不幸ではなかったのです。痛みのために涙《なみだ》が頬《ほお》を流れ落ちたときでさえもです。（中略）私は杖《つえ》の助けを借りてゆっくり歩行しています。――脊椎疾《せきついしっ》患《かん》のために杖《つえ》が必要なのです。そして医者の言うには私の心臓はとても悪いようです。しかし繰《く》り返《かえ》しますが、私はそれにもかかわらず幸せです。そしてこれはひとえに阿弥陀様《あみださま》のすべてをもれなく包《つつ》み込《こ》むお慈悲《じひ》のたまものであり、私はただ感謝する以外にはないのであります。この御恩報謝《ごおんほうしゃ》のために、もし希

望する人があれば、私達《わたしたち》に力と幸せを与《あた》えてくれるこの教えを他の人たちにお伝えしようと思っております。これが、私の命の続く限りつとめたいと思っていることです。

（国際仏教文化協会研究会（編）『ヨーロッパの妙好人　ハリー・ピーパー師』）

欧州から来た真宗布教使

その頃《ころ》スイスでは、カトリックの神父ジャン・エラクルが、真の救いを求め仏典の研究に没頭《ぼっとう》していた。中国語に訳された経典《きょうてん》をひもとき、大乗仏教《だいじょうぶっきょう》の各宗派を学んだものの、満足は得られなかった。だが一九七〇年、ピーパーとの邂逅《かいこう》が決め手となり、浄土真宗《じょうどしんしゅう》に帰する。ただちに教会を離《はな》れ僧職《そうしょく》に就《つ》いたエラクルは、ジュネーブに「スイス浄土真宗協会《じょうどしんしゅうきょうかい》」を創設。カトリックの要職を務めたエラクルの転向は、ヨーロッパに少なからぬ衝撃《しょうげき》を与《あた》えた。

かくてピーパーの堅実《けんじつ》な活動により、親鸞聖人《しんらんしょうにん》の全く知られていない欧州《おうしゅう》で、既《き》存《ぞん》の仏教教団のほぼ全《すべ》てに反対されながら、浄土真宗《じょうどしんしゅう》の礎《いしずえ》が築かれた。ピーパーは博識な仏教学者でもなければ、巧《たく》みな弁舌家《べんぜつか》でもなく、組織を牽引《けんいん》するリーダーでもなかった。強《し》いていえば特質のないのが特質だった一個人が、なぜかくも大きな足跡《そくせき》を残したのか。誰《だれ》もが抱《いだ》く問いに、回答は水晶《すいしょう》のごとく澄《す》んでいる。

私は全く何もする必要がないのです。働いているのはただ生き生きした、そしてすべてに浸透《しんとう》した阿弥陀様《あみださま》の光明《こうみょう》です。そしてそこから外に向かってその活動が現れ出ているのです。（同）

「本願他力《ほんがんたりき》」の真髄《しんずい》を体得しなければ、ありえない返答だろう。『歎異抄《たんにしょう》』には「本願他力《ほんがんたりき》」という言葉が二カ所、同じ意味の「他力本願《たりきほんがん》」が一カ所ある。この親鸞思想《しんらんしそう》のキーワードが、日本では「他人にまかせて楽をする」意味に誤用されている。日本人が『歎異抄《たんにしょう》』をどこまで理解しているか、いささか心細い。

人一倍、『歎異抄《たんにしょう》』を精読したピーパーでさえ、読み破ることはできないと告白している。

今でも私は『歎異抄《たんにしょう》』を毎日読んでおります。そして私の人生の終わるまでにこの小冊子を完全に読み終えることはできないものと信じています。なぜなら私はその中にいつも新しいものを発見するからです。（同）

『歎異抄《たんにしょう》』のもたらす驚《おどろ》きと感動は、汲《く》めども尽《つ》きない。その無限の陽光は、東欧《とうおう》ルーマニアにも降り注ぐ。英訳『歎異抄《たんにしょう》』に胸打たれたルーマニア男性が、平成十五年（二〇〇三）に得度し、『歎異抄《たんにしょう》』をルーマニア語に翻訳《ほんやく》した。それを読み衝撃《しょうげき》を受けた二十代の女性も尼僧《にそう》となり、来日して布教に献身《けんしん》している。ヨーロッパを駆《か》けめぐった『歎異抄《たんにしょう》』は、ルーマニアの才媛《さいえん》を動かし、浄土真宗《じょうどしんしゅう》の逆輸入を引き起こしたのである。

来るべき恒久平和のために

『歎異抄《たんにしょう》』は今も、その真価を見抜《みぬ》く人を待っている。二十世紀最大の哲学者《てつがくしゃ》といわれるハイデガーが、十年早く『歎異抄《たんにしょう》』を知ったら、哲学《てつがく》の歴史は変わっていただろう。晩年の日記に、無念がにじむ。

今日、英訳を通じてはじめて東洋の聖者親鸞《しんらん》の歎異鈔《たんにしょう》を読んだ。弥陀《みだ》の五劫思《ごこうし》惟《ゆい》の願《がん》を案ずるにひとえに親鸞一人《しんらんいちにん》がためなりけりとは、何《な》んと透徹《とうてつ》した態度だろう。
もし十年前にこんな素晴《すば》らしい聖者が東洋にあったことを知ったら、自分はギリシャ・ラテン語の勉強もしなかった。日本語を学び聖者の話しを聞いて、世界中にひろめることを生きがいにしたであろう。遅《おそ》かった。（中略）日本の人達《ひとたち》は何をしているのだろう。日本は戦いに敗《ま》けて、今後は文化国家として、世界文化に貢献《こうけん》するといっているが私をして云《い》わしむれば、立派な建物も美術品もいらない。なんにも要《い》らないから聖人《しょうにん》のみ教えの匂《にお》いのある人間になって欲《ほ》しい。

商売、観光、政治家であっても日本人に触《ふ》れたら何かそこに深い教えがあるという匂《にお》いのある人間になって欲《ほ》しい。そしたら世界中の人々が、この教えの存在を知り、フランス人はフランス語を、デンマーク人はデンマーク語を通じてそれぞれこの聖者のみ教えをわがものとするであろう。

そのとき世界の平和の問題に対する見通しがはじめてつく。二十一世紀文明の基礎《きそ》が置かれる。


一流の知識人だから、一級の思想を『歎異抄《たんにしょう》』に読み取れたのだろう。大哲人《だいてつじん》の期待に応《こた》え、平和の架《か》け橋《はし》となるは今である。

思えば人類の歴史を作ったのは、思想だった。十七世紀、イギリスの哲学者《てつがくしゃ》ジョン・ロックの著作が、フランス革命、アメリカ独立を促《うなが》し、近代国家と民主主義の成立に貢献《こうけん》した。十九世紀にドイツの哲学者《てつがくしゃ》カール・マルクスが創始した共産主義は、各国で革命運動を起こし、世界を二分している。

また十七世紀、デカルトの物心二元論が、近代科学と近代医学の誕生を加速したように、政治、経済、科学、医学、法律、道徳、芸術など、人間の営み全《すべ》ての根底には、思想がある。

未来もまた、思想で決まるのだ。『歎異抄《たんにしょう》』と、その解説書の翻訳《ほんやく》が進み、深遠な思想が海のかなたに羽ばたけば、世界が変わる。

地球の激動は、これからである。

理解を深めるための語句解説

【あ行】

悪人正機《あくにんしょうき》　悪人を救うのが、阿弥陀仏《あみだぶつ》の本願《ほんがん》（お約束）ということ。

阿闍世《あじゃせ》コンプレックス　日本人の母子関係を説明する理論。子は生まれつき、母に対する恨《うら》みがあると説く。

石丸梧平《いしまるごへい》（一八八六～一九六九）　小説家、宗教思想家。雑誌『人生創造』を創刊。

小此木啓吾《おこのぎけいご》（一九三〇～二〇〇三）　医学者、精神科医。豊かな社会に育ち、大人としての責任を持とうとしない当時の若者を、「モラトリアム（猶予《ゆうよ》期間《きかん》）人間」と名づけた。昭和五十三年（一九七八）に出版した『モラトリアム人間の時代』はベストセラーとなった。

【か行】

覚如上人《かくにょしょうにん》（一二七〇～一三五一）　聖人《しょうにん》の曾孫《ひまご》。

共産主義《きょうさんしゅぎ》　個人が財産を持つことを否定し、すべての物を平等に分かち合って、貧富の差をなくそうとする思想。

倉田百三《くらたひゃくぞう》（一八九一～一九四三）　劇作家、評論家。西田幾多郎《にしだきたろう》に傾倒《けいとう》して書いた評論集『愛と認識との出発』は、広く青年に愛読された。旧制一高（今の東京大学）を結核《けっかく》で中退し、生涯《しょうがい》の多くを闘病《とうびょう》で過ごす。

軍国主義《ぐんこくしゅぎ》　政治も経済も法律も教育も、国民生活すべてを戦争に向かわせ、軍事力で国家を繁栄《はんえい》させようとする考え方。

国際連盟《こくさいれんめい》　第一次大戦後、世界平和と国際協力を

目指し、四十二カ国でスタートした組織。一九二〇年に成立。侵略行為《しんりゃくこうい》や残虐行為《ざんぎゃくこうい》をする国があっても、武力で制裁する力がなかったため、第二次世界大戦を防ぐことはできなかった。

古澤平作《こざわへいさく》（一八九七〜一九六八）　精神分析学者《せいしんぶんせきがくしゃ》。フロイトに学び、その理論を広めた。

国家総動員法《こっかそうどういんほう》　戦争に必要とあらば、人も財産も工場も新聞も、あらゆる資源を国家が自由に利用できるようにする法律。

【さ行】

鎖国《さこく》　江戸時代《えどじだい》に、政府がキリスト教の流入を防ぐため、オランダ・中国・朝鮮《ちょうせん》以外の国との貿易を許さず、日本人の出国も禁じたこと。寛永《かんえい》十六年（一六三九）に始まり、嘉永《かえい》六年（一八五三）にアメリカの軍艦《ぐんかん》四隻《せき》に威圧《いあつ》されるまで（翌一八五四年までという説も）二百年以上、続いた。

産業革命《さんぎょうかくめい》　種々の発明により、大規模な工場で機械を使って、製品を効率よく大量に生産できるようになったこと。社会全体が、農業中心から工業中心に大きく変わった。

司馬遼太郎《しばりょうたろう》（一九二三〜一九九六）　小説家。独自の歴史解釈《れきしかいしゃく》は「司馬史観《しばしかん》」として人気を博す。著書に『竜馬《りょうま》がゆく』『国盗《くにと》り物語《ものがたり》』など。

宗教《しゅうきょう》の極意《ごくい》　宗教の最も重要な特徴《とくちょう》、本質。

自由主義《じゆうしゅぎ》　一人一人が、国家に干渉《かんしょう》されることなく、自由に考え、行動できるようにすべきだという思想。

常任理事国《じょうにんりじこく》　国際連盟《こくさいれんめい》の理事会（代表者会合）に、常に参加する権利のある国。

植民地《しょくみんち》　実質上、他の国に支配され、利用されている国。

真珠湾奇襲《しんじゅわんきしゅう》　昭和十六年（一九四一）十二月八日（アメリカ時間で七日）未明、日本海軍がハワイの真珠湾《しんじゅわん》でアメリカ艦隊《かんたい》にしかけた奇襲《きしゅう》。アメリカの戦艦《せんかん》八隻《せき》のうち、四隻《せき》が沈没《ちんぼつ》、残りは大破したほか、航空機約二百六十機が炎上《えんじょう》し、二千人以上の兵士が戦死した。日本の損害は、飛行機二十九機、特殊潜航艇《とくしゅせんこうてい》五隻《せき》だった。

親鸞聖人《しんらんしょうにん》（一一七三〜一二六二）　浄土真宗《じょうどしんしゅう》の祖師。九歳で出家し、比叡山《ひえいざん》で天台宗《てんだいしゅう》の僧侶《そうりょ》になったが、暗い心の解決ができず二十九歳で下山。京都で浄土宗《じょうどしゅう》の開祖・法然上人《ほうねんしょうにん》の弟子《でし》となり、阿《あ》弥陀仏《みだぶつ》の救い一つを生涯《しょうがい》、伝えられた。三十五歳の時、権力者の弾圧《だんあつ》で流刑《るけい》に遭《あ》い、僧侶《そうりょ》の資格を剥奪《はくだつ》されてからは、「法事にいそしむ僧《そう》にあらず、仕事で生計を立てる俗人《ぞくじん》にあらず」と「非僧非俗《ひそうひぞく》」を宣言、布教一筋に生きられる。

精神分析《せいしんぶんせき》　心の奥底《おくそこ》に潜《ひそ》む、本人も気づいていない無意識の世界を探求する理論。十九世紀末にオーストリアの精神科医フロイトが作り上げた。

【た行】

第一次大戦《だいいちじたいせん》（一九一四〜一九一八）　世界制覇《せかいせいは》をもくろむドイツおよびオーストリア・ハンガリー帝《てい》国《こく》、オスマン帝国《ていこく》、ブルガリアからなる中央同盟国と、ドイツを包囲すべくイギリス、フランス、ロシアが結束した三国協商との対立から起きた、世界規模の戦争。二十五カ国が、ヨーロッパを中心に四年間、激戦を続けた。一九一八年十一月、ドイツの降伏《こうふく》により終結。

第二次世界大戦《だいにじせかいたいせん》　日本・ドイツ・イタリア三国

（枢軸国《すうじくこく》）と、アメリカ・イギリス・フランス・ソ連・中国など連合国との間に起きた、世界規模の戦争。一九三九年九月、ドイツがポーランドに侵攻《しんこう》して始まり、一九四五年八月に日本が降伏《こうふく》して終わった。

田辺元《たなべはじめ》（一八八五〜一九六二） 哲学者《てつがくしゃ》。西田幾多郎《にしだきたろう》に招かれて京大の哲学教授《てつがくきょうじゅ》になる。その講義は、常に大教室が満員だったという。自分の理論が戦争に利用されたのを反省し、晩年は親鸞聖人《しんらんしょうにん》を中心とする宗教研究に専念した。

治安維持法《ちあんいじほう》 国の仕組みを革命で変えようとしたり、「個人が財産を持つべきでない」と主張したりする運動を罰《ばっ》する法律。主に共産主義運動を弾圧《だんあつ》するのが目的だったが、やがて拡大解釈《かくだいかいしゃく》され言論・思想の自由を奪《うば》う手段となった。

土居健郎《どいたけお》（一九二〇〜二〇〇九） 精神医学者。周囲に好かれたい、そして助けてもらいたいという「甘《あま》え」は、日本人に特有の感情だと主張し、昭和四十六年（一九七一）刊行『「甘《あま》え」の構造』はベストセラーとなった。

【な行】

西田幾多郎《にしだきたろう》（一八七〇〜一九四五） 哲学者《てつがくしゃ》。仏教をはじめとする東洋思想に、西洋哲学《せいようてつがく》を吸収して独自の哲学《てつがく》を築き上げた。

【は行】

封印《ふういん》 蓮如上人《れんにょしょうにん》は、仏法《ぶっぽう》をよく聞いていない人に『歎異抄《たんにしょう》』を読ませるのは、幼い子に剣《けん》を持たせるようなもので、大きな誤解をする危険があると警告されている。

藤村操《ふじむらみさお》（一八八六〜一九〇三） 旧制一高（今の東京

大学）に在学中、十六歳の時に華厳《けごん》の滝《たき》（栃木《とちぎ》県《けん》日光市にある高さ九十七メートルの滝《たき》）で投身自殺した青年。その遺言《ゆいごん》は、「万有《ばんゆう》の真相《しんそう》は唯《た》だ一言《いちごん》にして悉《つく》す。曰《いわ》く不可解《ふかかい》（この世は結局、意味も目的も分からない）」などの名言で知られ、後を追う若者が続出した。

仏縁《ぶつえん》　仏法《ぶっぽう》を聞く機会。阿弥陀仏《あみだぶつ》とのかかわり。

【ま行】

満州国《まんしゅうこく》　日本が勝手に中華民国《ちゅうかみんこく》（今の中国）から独立させた国で、実際は日本が統治していた。一六一六年から中国を支配していた清朝《しんちょう》は辛亥《しんがい》革命《かくめい》で滅《ほろ》び、一九一二年に中華民国《ちゅうかみんこく》が成立。中《ちゅう》華民国《かみんこく》は孫文《そんぶん》が初代大総統（臨時）となったものの、内戦が続いて不安定だった。

三木清《みききよし》（一八九七～一九四五）　哲学者《てつがくしゃ》、批評家。西《にし》田幾多郎《だきたろう》の『善の研究』に感動し、西田《にしだ》に師事した。若い世代に大きな影響《えいきょう》を与《あた》える。昭和二十年（一九四五）、共産党員をかくまって検挙され、敗戦後も解放されず獄死《ごくし》。未完の遺稿《いこう》「親鸞《しんらん》」が残された。

弥陀《みだ》　阿弥陀仏《あみだぶつ》のこと。

ミッドウェー海戦《かいせん》　昭和十七年（一九四二）六月五～七日、中部太平洋のミッドウェー島沖《おき》における日米の海戦。日本は空母四隻《せき》と航空機約三百機、多数の熟練パイロットを失ったが、米軍の損害は空母一隻《せき》、航空機百五十機にとどまり、日本の大敗北に終わった。

民主主義《みんしゅしゅぎ》　王や貴族が国を支配するのではなく、民衆が自分たちで国を動かすべきだという思想。

無差別爆撃《むさべつばくげき》　アメリカは最初、軍需工場《ぐんじゅこうじょう》を狙《ねら》って爆弾《ばくだん》を投下していたが、一九四五年三月の東京《とうきょう》大空襲《だいくうしゅう》からは、大都市の人口密集地に無差別に焼夷弾《しょういだん》を落とし、木造家屋を焼《や》き払《はら》った。軍事《ぐんじ》施設《しせつ》と民間人を区別しない、このような無差別《むさべつ》爆撃《ばくげき》は、非人道的として国際法で禁止されている。

明治政府《めいじせいふ》　武士が支配する世を壊《こわ》し、西洋の強国に肩《かた》を並べる近代的な国家を目指して一八六八年（約百五十年前）に作られた政府。

【や行】

唯円《ゆいねん》（一二二二?～一二八九?）　親鸞聖人《しんらんしょうにん》のお弟子《でし》。茨城県《いばらきけん》の人で、『歎異抄《たんにしょう》』の著者と推定されている。

【ら行】

列強《れっきょう》　強い国々。

蓮如上人《れんにょしょうにん》（一四一五～一四九九）　親鸞聖人《しんらんしょうにん》の子孫。聖人《しょうにん》の教えを平易な言葉で正確に、日本全国に伝えた。

第2部

映画「歎異抄をひらく」シナリオ

歎異抄をひらく
高森顕徹
日本の名著「歎異抄」解説の決定版
ついに映画化！
「なぜ生きる」シリーズ第２弾「歎異抄をひらく」
2019年5月より 全国で順次公開

脚本　和田清人

原作　高森顕徹

『歎異抄をひらく』

古典の名著『歎異抄』初のアニメ映画化！
教えてください。
無常なこの世を、私たちは、なぜ生きるのか——
大ヒットアニメ映画「なぜ生きる」シリーズ第２弾！
美しい随筆文に秘められた、出会いと再生の物語
歎異抄をひらく
TANNISHO
【キャスト】
親鸞聖人:石坂浩二　唯円:増田俊樹
壮賢:細谷佳正　アサ:本泉莉奈　権八:市来光弘　慧信房:三木眞一郎　燈念:白井悠介　明法房:伊藤健太郎
【スタッフ】
監督:大野和寿　原作:高森顕徹『歎異抄をひらく』(1万年堂出版)　脚本:和田清人　音楽:長谷部徹
アニメーションプロデューサー:鈴森龍　キャラクター原案:追分文乃　演出:安部元宏　鈴森風音　撮影監督:菅原徹
美術監督:中村典史　色彩設定:手嶋明美　編集:新見元希　オープニングCG:GORAKU / 林健太郎
アニメーション制作:イーストフィッシュスタジオ　音響監督:本田保則　音楽ディレクター:吉村洋平　ミキシングエンジニア:宮澤伸之介　選曲:小西善行　ミキサー・音響効果:伊東晃
音楽制作:ミラクル・バス　プロデューサー:追分史朗　浜川久美
制作:パラダイス・カフェ　配給・宣伝:キュー・テック　製作:「歎異抄をひらく」映画製作委員会 2019
tannisho.jp

令和元年５月24日より、全国でロードショー

登場人物

親鸞聖人《しんらんしょうにん》
唯円《ゆいねん》（平次郎《へいじろう》）　農家の次男坊
壮賢《そうけん》（新太《しんた》）　唯円の幼なじみ
権八《ごんぱち》　唯円の幼なじみ
アサ　権八の妹
彦六《ひころく》　唯円の父
マツ　唯円の母
竹太郎《たけたろう》　唯円の兄
明法房《みょうほうぼう》　親鸞聖人の弟子
性信房《しょうしんぼう》　親鸞聖人の弟子
蓮位房《れんにぼう》　親鸞聖人の弟子
燈念《とうねん》　親鸞聖人の弟子
慧信房《えしんぼう》　親鸞聖人の弟子
他

1 唯円の部屋

年老いた唯円《ゆいねん》が机に向かい、あごに手を当て、考えにふける。

2 滝つぼ

晩年の唯円《ゆいねん》と同じポーズであごに手を当て、思案顔で滝《たき》つぼを見つめる少年・平次郎《へいじろう》（のちの唯円《ゆいねん》・12歳）。

二人の少年が上半身裸《はだか》で滝《たき》つぼに飛《と》び込《こ》む。

新太　「行くぞ！」

権八　「おう！」

がっしりした体格の少年が新太《しんた》（12歳）、長身の痩《や》せた少年が権八《ごんぱち》（12歳）だ。

目の大きな活発な少女・アサ（10歳）、平次郎《へいじろう》の隣《となり》に来る。

アサ　「平《へい》ちゃん！　平《へい》ちゃん、また考え事？」

平次郎　「……うん。人間は何で魚を取るのかな」

アサ　「そりゃあ、食べるためじゃないの？」

平次郎　「でも、魚は人間に食われるために生まれてきたわけじゃないだろ」

アサ　「……うーん」

アサも平次郎《へいじろう》と同じ姿勢で考《かんが》え込《こ》む。

と、滝《たき》つぼの中で新太《しんた》が魚をつかみ、笑顔《えがお》で叫《さけ》ぶ。

新太　「よし、取ったぞ！　これであいこだな、権八《ごんぱち》」

権八　「……ちくしょう！　何言ってんだ、俺《おれ》のほうが三回はよけいに勝ってるよ」

新太　「おい、本当か、平次郎《へいじろう》」

新太《しんた》と権八《ごんぱち》、平次郎《へいじろう》を見る。

平次郎　「二人とも四十四勝四十四敗。あいこだよ」

権八　「適当なこと言うな」

平次郎　「適当じゃないよ」

権八　「だったら言ってみろ、今までの勝ち負け全部」

平次郎　「いいよ。睦月《むつき》三日の朝、木登りで勝負。新太《しんた》の勝ち。如月《きさらぎ》十日の朝、相撲《すもう》で勝負。寄り切りで権八《ごんぱち》の勝ち。弥生《やよい》二十三日の昼、相撲《すもう》で勝負。

上手投げで新太《しんた》の勝ち」

権八　「分かったよ、もう！　うっとうしいな！」

アサ　「よく覚えてるね、平ちゃん」

新太　「こいつは頭の中に帳面が入ってるからな」

新太《しんた》、平次郎《へいじろう》の頭をポンポンとたたく。

照れ笑いする平次郎《へいじろう》。

権八　「新太《しんた》。あいこなら、ここで相撲《すもう》をとって決着つけようぜ」

新太　「おう。望むところだ」

平次郎　「そろそろ帰らないとまずいよ。おっ父《とう》おっ母《かあ》に叱《しか》られるよ」

新太　「つまらないこと言うなよ、平次郎《へいじろう》」

権八　「そうだ、そんなに親が怖《こわ》いなら、先に帰ってろ」

平次郎　「……」

新太《しんた》と権八《ごんぱち》、向かい合って蹲踞《そんきょ》の姿勢になる。

アサ　「あっ！　兄《あに》ぃ……」

権八　「じゃまするな、アサ」

アサ　「大変だよ、兄《あに》ぃ……！」

権八　「何だよ！」

アサ　「ああ……あ」

おびえた表情のアサ、一点を指さす。
振《ふ》り返《かえ》る平次郎《へいじろう》、新太《しんた》、権八《ごんぱち》。
アサが指さした方向に、大きなクマがいる。

新太・権八・平次郎「ん？……」

クマは四《よ》つんばいで繁《しげ》みから出てきて、ゆっくりと平次郎《へいじろう》たちに近づく。口からよだれが滴《したた》っている。
恐怖《きょうふ》のあまり立ちすくむ平次郎《へいじろう》たち。

権八「し、新太《しんた》。どうする？」
新太「に、逃《に》げるしかないだろ。相手はクマだぞ」
アサ「無理だよ。足が動かないもん……」

足がすくんで動けないアサ。
四人とも体が震《ふる》えて動けない。

クマが突然《とつぜん》、咆哮《ほうこう》する。

クマ　「グア〜〜〜〜ッ！」

三人　「わ〜〜〜っ！」

アサ　「キャッ！　あああ……」

平次郎《へいじろう》たちは腰《こし》を抜《ぬ》かし、アサはしりもちをつく。

クマ、ゆっくりとアサに向かっていく。

クマ　「グオッ」

アサ　「ああ……助けて……！」

平次郎　「アサ……！」

クマ　「グルルル……」

アサ　「ああ……」

クマ　「グア――ッ！」

アサ「きゃっ！」

次の瞬間《しゅんかん》、クマの額に石つぶてが当たる。

うめき声を上げ、のけぞるクマ。

一同「!?」

石の飛んできた方角を見ると、巨漢《きょかん》の男・明法房《みょうほうぼう》が立っている。

クマ、体勢を立て直し、うなり声をあげる。

クマ、明法房《みょうほうぼう》をじろりとにらむ。

明法房《みょうほうぼう》もクマをにらみ返す。

息を呑《の》む平次郎《へいじろう》たち。

次の瞬間《しゅんかん》、クマは四《よ》つんばいになり、踵《きびす》を返して山奥《やまおく》へ去っていく。

新太「は〜〜〜助かった……」

権八「死ぬかと思った……」

平次郎《へいじろう》、明法房《みょうほうぼう》に近づいて、

平次郎　「……どうもありがとうございました」

明法房　「ああ。危ないところだったな」

明法房《みょうほうぼう》、アサの前に行く。

明法房　「歩けるか」

アサ　「（首を横に振《ふ》る）……」

明法房《みょうほうぼう》、軽々とアサを担《かつ》ぎ上《あ》げる。

アサ　「キャッ！」

明法房　「ついてこい。ふもとまで案内してやろう」

平次郎　「あの、あなたのお名前は……？」

明法房　「明法房《みょうほうぼう》という」

平次郎　「明法房《みょうほうぼう》？　お坊《ぼう》さまなんですか？」

明法房　「私が坊主《ぼうず》に見えるか？」

平次郎　「（首を傾《かし》げて）……？」

新　太　「落ち武者かと思いました」

明法房　「（豪快《ごうかい》に笑って）落ち武者か。そいつは、かなわんな」

平次郎《へいじろう》たちもつられて、笑う。

3　山道

アサを背負った明法房《みょうほうぼう》、平次郎《へいじろう》、新太《しんた》、権八《ごんぱち》、歩いていく。

明法房　「ほう。おまえたち稲田《いなだ》から来たのか。それは大変だったろう」

平次郎　「はあ……」

新　太　「あの、明法房《みょうほうぼう》さまは叱《しか》らないんですか？　俺《おれ》たちのこと」

明法房　「なぜ叱《しか》る？」

権　八　「子供だけで山に入ったから」

明法房　「（笑って）そんなことで叱《しか》るわけなかろう。子供の足で滝《たき》つぼまでたどり着いたことを褒《ほ》めてやりたいくらいだ。しかし、山に入るならもう少し用心しないといかんな」

一　同　「はい」

明法房　「ほら、これを見ろ」

と、引っかき傷のついた大木の前で立ち止まる。

平次郎　「何ですか、これは」

明法房　「クマが爪《つめ》で引っかいたあとだ。こういう木を見かけたら巣穴が近くにあるということだから、おとなしく引き返したほうがいいぞ」

子供たち　「（感心）へえ……」

明法房　「地面に足あとやフンが残っていることもあるから、よく注意して歩けよ」

子供たち「はい……!」

4 別の山道

アサを背負った明法房《みょうほうぼう》、平次郎《へいじろう》、新太《しんた》、権八《ごんぱち》、歩いている。

明法房「(立ち止まって)待て」

明法房《みょうほうぼう》、目を閉じて、耳を澄《す》ます。

アサ「……?」

明法房「この先に子連れのオオカミがいる。気が立っていて危ないから、回り道をしよう」

権八「子連れの……オオカミ?」

新太「何でそんなことが分かるんですか?」

明法房「耳を澄《す》ませば、山に棲《す》む獣《けもの》の声が聞こえてくる。修験道《しゅげんどう》の行で身についた力だ」

権　八「すげえ！」

新　太「俺《おれ》も聞いてみたい！」

明法房「聞こえたところで、たいして役に立たんよ」

子供たち「え？」

明法房「私たちが本当に聞かなければならないのは、阿弥陀仏《あみだぶつ》の本願《ほんがん》だ」

平次郎「アミダブツのホンガン？」

明法房「阿弥陀仏《あみだぶつ》は、たくさんいらっしゃる仏さまの中で一番偉《えら》い仏さまだよ」

新　太「じゃあ、ホンガンっていうのは？」

明法房「本願《ほんがん》とは、約束のことだ。阿弥陀仏《あみだぶつ》はな、善いやつも悪いやつもみんな救ってやる、と約束されているんだよ」

平次郎「え？　悪いやつも？」

明法房「そうだ」

権　八「悪いやつは地獄《じごく》行きだと思ってました」

新　太「俺《おれ》も……」

平次郎「（あごに手を当て、思案顔）……」

と、そこへ親鸞聖人《しんらんしょうにん》が性信房《しょうしんぼう》と来られる。

明法房「聖人《しょうにん》さま、お帰りなさいませ。ご布教の旅から、今お帰りですか？」

親鸞聖人「明法房《みょうほうぼう》。久しぶりだな。息災か？」

明法房「はい」

親鸞聖人「今日は珍《めずら》しいお供を連れておるな」

親鸞聖人《しんらんしょうにん》、柔和《にゅうわ》な眼差《まなざ》しで平次郎《へいじろう》たち一人ひとりを見つめられる。

その穏《おだ》やかな表情に引きつけられる平次郎《へいじろう》たち。

明法房　「彼《かれ》らは稲田《いなだ》に住んでいる子供たちです。おまえたち、このお方は、私のお師匠《ししょう》さまの親鸞《しんらん》さまだ」

新　太　「こんにちは。俺《おれ》、新太《しんた》っていいます」

権　八　「権八《ごんぱち》です。そいつは妹のアサです」

ア　サ　「こんにちは」

親鸞聖人　「こんにちは。（平次郎《へいじろう》に）そなたの名前は？」

平次郎　「……平次郎《へいじろう》です」

新　太　「こいつは頭の中に帳面があるんです。三年前の天気だって覚えてるんですから」

親鸞聖人　「ほう。それはたいしたものだ」

平次郎　「……あの、一つお聞きしてもいいですか」

親鸞聖人　「何だい、平次郎《へいじろう》？」

平次郎「阿弥陀仏《あみだぶつ》が悪いやつも救うっていうのは本当ですか」

親鸞聖人「ああ、本当だ。阿弥陀仏《あみだぶつ》はね、悪人こそ救わなければならない、と仰《おっしゃ》っているんだよ」

平次郎「なぜ善人ではなく、悪人が救われるんですか」

親鸞聖人「うむ、平次郎《へいじろう》。悪人が救われることが、不思議か？」

平次郎「悪人こそ、っていうのが……」

親鸞聖人「（微笑《ほほえ》まれながら）そうか。ここでは落ち着かん。村へ戻《もど》って、皆《みな》で話をしようか」

5 稲田草庵・表

6 稲田草庵・広間

広間に座《すわ》っている平次郎《へいじろう》、新太《しんた》、権八《ごんぱち》、アサ。

子供たち「（緊張《きんちょう》し、恐縮《きょうしゅく》している）」

親鸞聖人《しんらんしょうにん》が来られて、平次郎《へいじろう》たちの前に腰《こし》を下ろされる。

平次郎《へいじろう》たち、慌《あわ》てて姿勢を正す。

親鸞聖人「そんなにかしこまらなくていいぞ。楽な格好で話そう」

子供たち「はい」

ひざをくずす子どもたち。

親鸞聖人「さて新太《しんた》。悪人とは、どういう者のことかな」

新　太「物を盗《ぬす》んだり、乱暴をしたりする者です」

親鸞聖人「うむ。権八《ごんぱち》。そなたはどう思う？」

権　八「働かないで酒ばかり飲んで、博打《ばくち》を打つ者のことです」

アサ「それ、おっ父《とう》のことじゃないの」

親鸞聖人「そうだな。どちらも悪人には違《ちが》いない。しかしね。実は、全ての人間は悪人なのだよ」

子供たち「え!?」

アサ「全ての人間が悪人……?」

親鸞聖人「アサ。そなたは、誰《だれ》かに褒《ほ》められるとうれしいかい?」

アサ「はい。そりゃあ、うれしいです」

親鸞聖人「では、悪口を言われたらどう思うかな?」

アサ「腹が立ちます」

親鸞聖人「そういう欲や怒《いか》り、恨《うら》みや妬《ねた》みの心を煩悩《ぼんのう》というのだ」

アサ「ボン……ノー……?」

親鸞聖人「ああ。全ての人間は、煩悩《ぼんのう》でできている。おまえたちも、この私も、煩《ぼん》悩《のう》の塊《かたまり》だ。救われようのない悪人なのだ」

子供たち「え〰〰〰っ！　みんな悪人⁉」

親鸞聖人「阿弥陀仏《あみだぶつ》はそんな私たちを哀《あわ》れみ、煩悩《ぼんのう》の塊《かたまり》のまま、絶対の幸福に救ってくださるのだよ」

権　八「絶対の幸福？」

親鸞聖人「絶対の幸福というのは、いつまでも変わることのない幸福のことだ」

平次郎「……あの、全ての人間が悪人ということは、この世に善人はいないんですか？」

親鸞聖人「ああ……そうだよ。ところが、世の中には阿弥陀仏《あみだぶつ》の本願《ほんがん》を疑い、自分の力で極楽《ごくらく》に往《ゆ》けると自惚《うぬぼ》れている人が多い。そういう人たちのことを仮に善人というのだ」

子供たち「へえ……」

親鸞聖人「悪人とは、全ての人間のこと。善人とは、自分の力で極楽《ごくらく》に往《ゆ》けると自《うぬ》惚《ぼ》れている者のことだ」

子供たち、真剣《しんけん》に親鸞聖人《しんらんしょうにん》のお話を聞いている。

親鸞聖人「善人《ぜんにん》なおもって往生《おうじょう》を遂《と》ぐ、いわんや悪人《あくにん》をや」

平次郎「……？」

親鸞聖人「善人でさえ、浄土《じょうど》へ生まれることができる。ましてや悪人は、なおさらだ」

親鸞聖人《しんらんしょうにん》の驚《おどろ》くべきお言葉に心を打たれる子供たち。

権　八「悪人は、なおさら……」

明法房「聖人《しょうにん》さまの仰《おっしゃ》るとおりだ。阿弥陀仏《あみだぶつ》は、私のような悪人も救ってくださったのだからな」

新　太「え。どういうことですか？　明法房《みょうほうぼう》さま」

明法房「……私は、かつて聖人《しょうにん》さまを殺《あや》めようとしたんだ」

子供たち「!?」

明法房「あの頃《ころ》の私は弁円《べんねん》と名乗り、山で修行《しゅぎょう》に明け暮れていた。しかし、聖人《しょうにん》さまの熱心なご布教によって、加持祈祷《かじきとう》を信じる者は日に日に少なくなっていったのだ……」

7 板敷山（明法房の回想）

護摩壇《ごまだん》の前で祈祷《きとう》する山伏《やまぶし》・弁円《べんねん》。

そこに別の山伏《やまぶし》たちが慌《あわ》ててやってくる。

山伏A「弁円《べんねん》さま。弟子たちが親鸞《しんらん》の元へ去ってしまいました」

弁　円「何？　またか？」

山伏B「村の者たちも『加持祈祷《かじきとう》は迷信《めいしん》だ』『これからは阿弥陀仏《あみだぶつ》の本願《ほんがん》を聞いて念仏《ねんぶつ》を称《とな》える』などと抜《ぬ》かしています」

弁円　「（憤然《ふんぜん》と）おのれ親鸞《しんらん》！　この祈祷《きとう》で呪《のろ》い殺《ころ》してくれるわ！」

弁円《べんねん》、鬼《おに》のような形相で祈祷《きとう》を続ける。

8 明法房の回想

明法房　「三日三晩祈祷《きとう》を続けたが、聖人《しょうにん》さまは無傷だった。山道で何度も待《ま》ち伏《ぶ》せをしたが、聖人《しょうにん》さまは、我々の罠《わな》にかかるような方ではなかった」

アサ　「それで、どうしたんですか？」

弁円　「むむむ……おのれ親鸞《しんらん》……！　かくなるうえは……」

明法房　「刀を持って、聖人《しょうにん》さまの館《やかた》へ乗《の》り込《こ》んだのだ。この手で、聖人《しょうにん》さまのお命を奪《うば》うつもりでな……」

弁円《べんねん》、走る。

9 稲田草庵・表（明法房の回想）

門を蹴破《けやぶ》り、刀を持った弁円《べんねん》が入ってくる。

弁円「親鸞《しんらん》！　親鸞《しんらん》！　出てこい！　いないのか」

性信房「弁円《べんねん》のようです」

恐怖《きょうふ》のあまり恐《おそ》れおののく参詣者《さんけいしゃ》たち。

弁円「親鸞《しんらん》、覚悟《かくご》！」

すると、親鸞聖人《しんらんしょうにん》が性信房《しょうしんぼう》に制止されながら出てこられる。

性信房「聖人《しょうにん》さま！　おやめください！」

親鸞聖人「案ずるな、性信房《しょうしんぼう》」

親鸞聖人「これは弁円殿《べんねんどの》。よく来られました」

弁円「な……」

親鸞聖人「かねてから一度お会いしたいと思っておりました」

親鸞聖人《しんらんしょうにん》、平然と弁円《べんねん》の前に進み出られる。

弁円　「貴様！　俺《おれ》を馬鹿《ばか》にしとるのか！」

弁円《べんねん》、刀を振《ふ》り上《あ》げる。

参詣者《さんけいしゃ》たちの悲鳴が響《ひび》く。

弁円　「ぐ……」

性信房　「あ……」

親鸞聖人《しんらんしょうにん》、微動《びどう》だにせず、弁円《べんねん》を見つめておられる。

弁円《べんねん》、刀を振《ふ》り上《あ》げたまま硬直《こうちょく》する。

弁円　「……」

見つめ合う親鸞聖人《しんらんしょうにん》と弁円《べんねん》。

親鸞聖人《しんらんしょうにん》、ふっと微笑《びしょう》される。

弁円　「うう……」

次の瞬間《しゅんかん》、弁円《べんねん》の目から涙《なみだ》が溢《あふ》れ出《だ》す。

弁　円「ああ……あ……」

明法房の声「親鸞聖人《しんらんしょうにん》の穏《おだ》やかな笑顔《えがお》を見た瞬間《しゅんかん》、私はハッキリと自分の過《あやま》ちに気づいた」

弁円《べんねん》、刀を落とし、地面にひれ伏《ふ》す。

弁　円「親鸞殿《しんらんどの》、どうかお許しください！　私はあなたのことを逆恨《さかうら》みし、殺そうとしていました！　とんでもない愚《おろ》か者《もの》です！」

親鸞聖人「弁円殿《べんねんどの》。あなたは正直なお方だ」

弁　円「（顔を上げて）……え？」

親鸞聖人「私にも人を妬《ねた》み、嫉《そね》む心があるが、誰《だれ》にも気づかれぬように隠《かく》している。私は、嘘《うそ》に包まれた偽善者《ぎぜんしゃ》です。悪人なのです」

弁　円「親鸞殿《しんらんどの》が、悪人……？」

親鸞聖人「ええ。そうですよ」

弁　円「親鸞殿《しんらんどの》……ううう（再び、ひれ伏《ふ》す）」

親鸞聖人「さあ。顔を上げてください、弁円殿《べんねんどの》」

親鸞聖人《しんらんしょうにん》、弁円《べんねん》の前にかがんで、手を取られる。

弁円《べんねん》、涙《なみだ》を流しながら親鸞聖人《しんらんしょうにん》の手を握《にぎ》りしめる。

明法房の声「そして、私は聖人《しょうにん》さまのお弟子になり、明法房《みょうほうぼう》という名を頂いたのだ」

10 稲田草庵・広間

明法房「私は、修行《しゅぎょう》を続ければ幸福になれると自惚《うぬぼ》れていた。聖人《しょうにん》さまに出会い、阿弥陀仏《あみだぶつ》のお力によって、絶対の幸福に救われることができたんだ」

親鸞聖人「阿弥陀仏《あみだぶつ》は、煩悩《ぼんのう》の塊《かたまり》である私たちを、生きている今、そのままの姿で救ってくださるのだよ。そなたたちも、一刻も早く絶対の幸福に救っていただきなさい」

アサ「私たちみたいな貧乏人《びんぼうにん》でも救ってもらえるの？」

親鸞聖人「もちろんだ。阿弥陀仏《あみだぶつ》は、貧乏人《びんぼうにん》も金持ちも、子供も大人も、男も女も分《わ》け隔《へだ》てなく救ってくださるのだよ」

アサ「よかったね、兄《あに》い。私たちも救ってくださるって」

権八「信じられないな。うちのおっ父《とう》みたいに、酒と博打《ばくち》ばかりやってる者も救ってもらえるなんて」

親鸞聖人「すぐに信じられなくてもよい。肝心《かんじん》なのは、阿弥陀仏《あみだぶつ》の本願《ほんがん》を真剣《しんけん》に聞くことだ」

明法房「仏法《ぶっぽう》は聴聞《ちょうもん》に極《きわ》まるからな。また話を聞きにおいで」

新太・権八・アサ「はい」

平次郎「（あごに手を当てて思案顔）……」

親鸞聖人「そなたたちに、ご本尊《ほんぞん》を授《さず》けよう」

親鸞聖人《しんらんしょうにん》、平次郎《へいじろう》たち一人ひとりに紙を渡《わた》される。

紙には親鸞聖人《しんらんしょうにん》の筆で「南無阿弥陀仏《なむあみだぶつ》」と書かれている。

権　八「これは、何て読むんですか」

親鸞聖人「なむあみだぶつ」

子供たち「なむあみだぶつ……」

性信房「南無阿弥陀仏《なむあみだぶつ》と口で称《とな》えることを『念仏《ねんぶつ》』というんだ。念仏《ねんぶつ》は尊いこと

だから、よく称《とな》えるようにしなさい」

子供たち「はい」

明法房「おまえたち、ご本尊《ほんぞん》を大切にしないといかんぞ」

子供たち「はい」

11 稲田草庵・表（夕方）

平次郎《へいじろう》たち、表に出てくる。

親鸞聖人《しんらんしょうにん》、性信房《しょうしんぼう》、明法房《みょうほうぼう》と見送りに出てこられる。

子供たちの中で、平次郎《へいじろう》だけが思案げな顔をしている。

平次郎「教えてください、親鸞《しんらん》さま」

親鸞聖人「どうした、平次郎《へいじろう》」

平次郎「親鸞《しんらん》さまは、救われたのですか？」

性信房「！……」

明法房「！……」

性信房「平次郎《へいじろう》。おまえ、何ということを……」

親鸞聖人「よい質問だな」

明法房・性信房「え……？」

親鸞聖人「ああ、私は阿弥陀仏《あみだぶつ》の不思議なお救いに遇《あ》わせていただいたよ」

平次郎「絶対の幸福に救われたら、どんな気持ちになるのですか」

親鸞聖人「（喜びに満ちた表情）どんな大きな波が来ても、びくともしない、大きな船に乗せられたような気持ちだな。行き先が極楽浄土《ごくらくじょうど》とハッキリしているから、安心して旅を楽しめるのだよ」

平次郎「（理解できず）……」

12 平次郎の家・表（夜）

彦六の声「ばかもん！」

彦　六「こんな遅《おそ》くまで、どこほっつき歩いてたんだ！」

13 平次郎の家・居室〜表（夜）

平次郎《へいじろう》の前に仁王立《におうだ》ちしている父・彦六《ひころく》。後ろに控《ひか》えている母・マツ。兄・竹太郎《たけたろう》。

平次郎「……新太《しんた》たちと魚を取りに行って、そのあと親鸞《しんらん》さまという人のお話を聞いて……」

彦　六「そんな暇《ひま》があったら、田んぼの手伝《てつだ》いをしろ！」

平次郎「でも、とてもためになる話だったよ。全ての人間は煩悩《ぼんのう》でできた悪人なんだって。阿弥陀仏《あみだぶつ》は、そんな人間を救うために……」

彦　六「（さえぎって）黙《だま》れ！　罰《ばつ》として今夜は飯抜《ぬ》きだ！　いいと言うまで外で薪《まき》を割ってろ！」

14 平次郎の家・表（夜）

薪《まき》を割る平次郎《へいじろう》。

竹太郎「ほら食え」

大きな握《にぎ》り飯《めし》を差し出す竹太郎。

平次郎「兄《あに》ぃ！」

竹太郎「よかったな。親鸞《しんらん》さまのお話を聞くことができて」

平次郎「兄《あに》ぃ！　親鸞《しんらん》さまを知ってるの？」

竹太郎「ああ、田植えを手《て》伝《つだ》ってくださったことがあるからな。親鸞《しんらん》さまは田植えをしながら、こんな歌をお歌いになったよ。

（歌）五劫思惟《ごこうしゆい》の苗代《なわしろ》に、兆載永劫《ちょうさいようごう》の代《しろ》をして、雑行自力《ぞうぎょうじりき》の草《くさ》をとり」

竹太郎・平次郎「一念帰命《いちねんきみょう》の種《たね》おろし、念々相続《ねんねんそうぞく》の水流《みずなが》し、往生《おうじょう》の秋《あき》になりぬれば、この実《み》とるこそ、うれしけれ〜」

竹太郎　「よく覚えているな、平次郎《へいじろう》」

平次郎　「（微笑《びしょう》）兄《あに》ぃがいっつも田んぼで歌ってるから……」

　　平次郎《へいじろう》、懐《ふところ》から「南無阿弥陀仏《なむあみだぶつ》」と書かれたご本尊《ほんぞん》を出し、見せる。

平次郎　「これ、親鸞《しんらん》さまから頂いたご本尊《ほんぞん》というものだよ。南無阿弥陀仏《なむあみだぶつ》って書いてあるんだって」

竹太郎　「そうか。親鸞《しんらん》さまのお話は面白かったか？」

平次郎　「うん」

竹太郎　「じゃあ、また聞きに行くといいよ」

平次郎　「でも、おっ父《とう》が許してくれるかな」

竹太郎　「大丈夫《だいじょうぶ》。俺《おれ》がおまえの分まで働くから」

　　竹太郎《たけたろう》、平次郎《へいじろう》の頭をポンポンとたたく。

竹太郎　「平次郎《へいじろう》。おまえは俺《おれ》と違《ちが》って賢《かしこ》い。田んぼ仕事で一生を終えるような器《うつわ》

平次郎　じゃない。親鸞《しんらん》さまのお話をよく聞いて、学んでおいで」

「……ありがとう。兄《あに》ぃ」

15 稲田の風景（朝）

16 平次郎の家・居室（朝）

眠《ねむ》っている竹太郎《たけたろう》、彦六《ひころく》、マツ。

平次郎《へいじろう》、慌《あわ》ただしく支度《したく》をしている。

彦六《ひころく》、物音に目を覚まし、

彦　六「……どこ行くんだ」

平次郎「(慌《あわ》てて）あ、ちょっと新太《しんた》の家に忘れ物したから、取りに行こうと思って……。田んぼの仕事に間に合うように帰ってくるよ」

平次郎《へいじろう》、逃《に》げるように出かけていく。

彦　六　「（気になる）……」

17　権八の家の前の道（朝）

平次郎《へいじろう》、走っている。

18　稲田草庵・表（朝）

平次郎《へいじろう》、門を開けて庭に入ってくる。

親鸞聖人《しんらんしょうにん》が自室で執筆《しっぴつ》をされているお姿が見える。

平次郎　「（親鸞聖人《しんらんしょうにん》を見つめて）……」

親鸞聖人　「（平次郎《へいじろう》に気づかれて）ん、おはよう。平次郎《へいじろう》」

平次郎　「あ……おはようございます。親鸞《しんらん》さま」

親鸞聖人「どうしたんだ、こんなに朝早く」

平次郎「どうしても親鸞《しんらん》さまに、お聞きしたいことがあって……」

親鸞聖人「そうか……。ちょうど話し相手が欲《ほ》しいと思っていたところだよ」

平次郎「ありがとうございます」

親鸞聖人《しんらんしょうにん》、筆を置かれる。

19 稲田草庵・親鸞聖人の部屋（朝）

親鸞聖人《しんらんしょうにん》と平次郎《へいじろう》。

親鸞聖人《しんらんしょうにん》のお側《そば》には書物が幾冊《いくさつ》も積まれている。

平次郎「教えてください、親鸞《しんらん》さま。どんな悪人でも阿弥陀仏《あみだぶつ》のお力で絶対の幸福に救われるのなら、善い行いをするのは無駄《むだ》なことなのでしょうか」

親鸞聖人「無駄《むだ》だとしたら、そなたはどうする？　自ら進んで悪事に手を染めるか？」

平次郎　「そんなことは、しません」

親鸞聖人　「そうだろう。だが、そこは大事なところだよ。阿弥陀仏《あみだぶつ》の本願《ほんがん》を聞き誤っては、絶対の幸福にはなれんからな。真剣《しんけん》に阿弥陀仏《あみだぶつ》の本願《ほんがん》をお聞きしなければならないよ」

平次郎　「真剣《しんけん》にお聞きしたら、この頭のもやもやは晴れるのでしょうか」

親鸞聖人　「ああ。よくよく阿弥陀仏《あみだぶつ》の本願《ほんがん》を聞き開けば、みんな明らかになる。善い行いをすれば善い結果。悪い行いをすれば悪い結果。結果はみんな、行いをした人に現れるからな」

平次郎、あごに手を当て、釈然《しゃくぜん》としない表情。

親鸞聖人　「私の話が、分からんかな？」

平次郎　「あ、いえ、その……」

親鸞聖人「分からないことは悪いことではないよ。分かったふりをするのが一番よくないのだ」

平次郎「……はい」

親鸞聖人《しんらんしょうにん》、書物を手に取り、平次郎《へいじろう》に渡《わた》される。

親鸞聖人「この書物をそなたに貸そう」

平次郎「……でも、字が読めないので」

親鸞聖人「時間のある時にここへ来なさい。読んで聞かせてあげるから」

平次郎「本当ですか……？」

親鸞聖人「ああ。そなたは物覚えがいいから、すぐに字も読めるようになるよ」

親鸞聖人《しんらんしょうにん》、優《やさ》しく微笑《びしょう》される。

平次郎《へいじろう》、つられて笑顔《えがお》になる。

20 田んぼ（朝）

彦六《ひころく》、マツ、竹太郎《たけたろう》、田植えをしている。

そこへ平次郎《へいじろう》が駆《か》けてくる。

彦　六「んっ！　遅《おそ》いぞ、平次郎《へいじろう》！　どこへ行ってた」

平次郎「おっ父《とう》、ごめん。今から手伝《てつだ》うよ」

平次郎《へいじろう》、着物の裾《すそ》を端折《はしょ》って、田んぼに入っていく。

竹太郎「親鸞《しんらん》さまのところに行ってきたのか？」

平次郎「（興奮）うん。お話を聞いてきたよ。分からないことは悪いことじゃないんだって。分かったふりをするのが一番いけないんだって。書物も貸していただいたよ。字が読めるようになるまで、親鸞《しんらん》さまのところに通《かよ》って読み聞かせていただくことになったんだ」

竹太郎「（微笑《びしょう》）そうか。よかったな、平次郎《へいじろう》」

竹太郎《たけたろう》、おもむろに田植え歌を歌い始める。

竹太郎「（歌）五劫思惟《ごこうしゆい》の苗代《なわしろ》に〜」

平次郎《へいじろう》も歌に加わる。

平次郎「兆載永劫《ちょうさいようごう》の代《しろ》をして〜」

竹太郎・平次郎「雑行自力《ぞうぎょうじりき》の草《くさ》をとり、一念帰命《いちねんきみょう》の種《たね》おろし、念々相続《ねんねんそうぞく》の水流《みずなが》し、往生《おうじょう》の秋《あき》になりぬれば、この実《み》とるこそ、うれしけれ〜」

21 平次郎の家・居室（夜）

皆《みな》が寝静《ねしず》まった中、書物を開いている平次郎《へいじろう》。

彦六《ひころく》、薄目《うすめ》を開け、平次郎《へいじろう》を見ている。

22 書物を抱えて走る平次郎（朝）

23 稲田草庵・親鸞聖人の部屋（朝）

親鸞聖人《しんらんしょうにん》、平次郎《へいじろう》に書物を見せながら話される。
理解できず、あごに手を当てて首を傾《かし》げる平次郎《へいじろう》。
親鸞聖人《しんらんしょうにん》、新しい書物を平次郎《へいじろう》に渡《わた》される。

24 広場（夕方）

平次郎「親鸞《しんらん》さまは、こう仰《おっしゃ》っていたよ。南無阿弥陀仏《なむあみだぶつ》という六つの字の中には、どんな人も絶対の幸福にする大きな働きがおさまっているんだって」
権八《ごんぱち》は身を乗り出し、新太《しんた》は芋《いも》を頰張《ほおば》りながら、親鸞聖人《しんらんしょうにん》のお話を伝え聞く。

平次郎「この世の最高の宝なんだって」

25 走る平次郎（朝）

26 権八の家の前の道（朝）

新太《しんた》、権八《ごんぱち》、アサが待っている。
平次郎《へいじろう》が走って来る。
笑顔《えがお》で手を振《ふ》る新太《しんた》、権八《ごんぱち》、アサ。

27 稲田草庵・広間（朝）

性信房《しょうしんぼう》、明法房《みょうほうぼう》とともに、親鸞聖人《しんらんしょうにん》のお話を聞いている平次郎《へいじろう》、新太《しんた》、権八《ごんぱち》、アサ。

親鸞聖人「人間は、煩悩《ぼんのう》でできている。この煩悩《ぼんのう》は、死ぬまで減りもしなければ、なくなりもしないのだ」
平次郎《へいじろう》、あごに手を当てて首を傾《かし》げる。

28 稲田草庵・表（夕方）

平次郎《へいじろう》が書物を開き、やつぎばやに親鸞聖人《しんらんしょうにん》に質問している。
その様子を笑顔《えがお》で見守る明法房《みょうほうぼう》と性信房《しょうしんぼう》。

29 平次郎の家・居室（夜）

平次郎《へいじろう》、書物を開いたまま居眠《いねむ》りしている。
竹太郎《たけたろう》、平次郎《へいじろう》の肩《かた》に衣《ころも》を掛《か》けてやる。

30 稲田草庵・表（朝）

車座になって親鸞聖人《しんらんしょうにん》のお話を聞く同行《どうぎょう》たち。その中に平次郎《へいじろう》と新太《しんた》がいる。

平次郎「親鸞《しんらん》さまは、こう仰《おっしゃ》っていたよ。阿弥陀仏《あみだぶつ》の救いは、二度あるんだって」

31 権八の家・表（夕方）

平次郎《へいじろう》、家の仕事で法話に来られなかった権八《ごんぱち》とアサに親鸞聖人《しんらんしょうにん》のお話を伝える。

平次郎「阿弥陀仏《あみだぶつ》はね。この世で絶対の幸福にしてくださるだけじゃなくて、死んだら極楽浄土《ごくらくじょうど》で仏に生まれさせてくださるんだって」

権八・アサ「へー」

感心して話を聞く権八《ごんぱち》とアサ。

32　稲田草庵・親鸞聖人の部屋（夜）

親鸞聖人《しんらんしょうにん》、『教行信証《きょうぎょうしんしょう》』を書かれている。

33　平次郎の家・表（夜）

平次郎《へいじろう》、星空の下で合掌《がっしょう》する。

平次郎《へいじろう》「南無阿弥陀仏《なむあみだぶつ》……」

34　稲田の風景（数カ月後・朝）

35　田んぼ（朝）

稲刈《いねか》りをする彦六《ひころく》、竹太郎《たけたろう》、マツ。

平次郎《へいじろう》、遅《おく》れて来る。

平次郎　「ごめんなさい、寝坊《ねぼう》しちゃって……」

彦六　「今日は手伝《てつだ》わんでもいいぞ」

一同　「え？」

彦六　「親鸞《しんらん》さまのお話を、しっかり聞いてこい」

平次郎　「（竹太郎《たけたろう》を見て）……兄《あに》い。話したの」

竹太郎　「（首を横に振《ふ》り）……」

彦六　「俺《おれ》は学がないから、おまえが読んでる書物やら、称《とな》えてる念仏《ねんぶつ》のことはよく分からん。ただ、真剣《しんけん》に学んでいることぐらいは分かる」

平次郎　「……」

彦六　「田んぼは、三日に一度手伝《てつだ》えばいい」

平次郎　「おっ父《とう》……」

彦　六「ほら、さっさと行け！」

平次郎「……はい！」

彦　六「晩飯までに帰らねえと、また飯抜《ぬ》きだ、分かってるな！」

平次郎「はい！」

平次郎《へいじろう》、走っていく。

36　稲田草庵・広間（朝）

同行《どうぎょう》たちが集まっている。その中に新太《しんた》がいる。

平次郎《へいじろう》が来て、新太《しんた》の隣《となり》に座《すわ》る。

平次郎「権八《ごんぱち》とアサは？」

新　太「今日は来てないよ」

平次郎「そうか。また家の仕事の手伝《てつだ》いかな」

と、親鸞聖人《しんらんしょうにん》が入ってこられる。

一同、合掌《がっしょう》する。

親鸞聖人「阿弥陀仏《あみだぶつ》に救っていただき、絶対の幸福になっても、煩悩《ぼんのう》は消えない。阿弥陀仏《あみだぶつ》は、煩悩《ぼんのう》の塊《かたまり》である人間を、そのままの相《すがた》で救ってくださるのだよ」

平次郎《へいじろう》と新太《しんた》、真剣《しんけん》に聞いている。

親鸞聖人「最も恐《おそ》ろしいのは煩悩《ぼんのう》ではなく、阿弥陀仏《あみだぶつ》の本願《ほんがん》を疑う心だ。そのことを、しっかりと覚えておきなさい」

37 稲田草庵・表

平次郎《へいじろう》と新太《しんた》、歩いている。

新　太「親鸞《しんらん》さまの仰《おっしゃ》るとおり、煩悩《ぼんのう》は一生消えそうにないな」

と、懐《ふところ》から柿《かき》を出し、一口食べる。

平次郎　「新《しん》太《た》はただ食い意地が張ってるだけだろ」

と、相撲《すもう》仲間の少年・重吉《しげきち》が駆《か》けてくる。

重　吉　「おーい。（息切れ）平《へい》ちゃん、新《しん》ちゃん、大変だ……！　権《ごん》八《ぱち》とアサが……！」

平次郎・新太　「えっ……？」

38　走る平次郎と新太

平次郎・新太　「はぁ、はぁ」

息を切らし、権《ごん》八《ぱち》の家に走って向かう平《へい》次《じ》郎《ろう》と新《しん》太《た》。

39 権八の家の前の道

平次郎《へいじろう》と新太《しんた》、来る。

権八《ごんぱち》の家の表に人だかりができている。

村人A 「権太郎《ごんたろう》のヤツ、博打《ばくち》で大負けしたらしい」

村人B 「で、女房《にょうぼう》子供は、連れていかれちまったのか？」

村人A 「そうみたいだ」

村人C 「どけどけ道を空けろ」

村人D 「じゃまだ、どけどけ」

戸板に載《の》せられた権八《ごんぱち》の父・権太郎《ごんたろう》の遺体が運ばれていく。

平次郎・新太 「！」

村人A 「確かにアイツはろくでなしだが、最後は体を張って家族を守ろうとしたんだ」

村人B「へえ。あの権太郎《ごんたろう》がね……」

村人たちの噂話《うわさばなし》を聞き、呆然《ぼうぜん》となる平次郎《へいじろう》と新太《しんた》。

もぬけの殻《から》になった権八《ごんぱち》の家。壁《かべ》に剥《は》がれかけた「南無阿弥陀仏《なむあみだぶつ》」のご本尊《ほんぞん》があり、風に揺《ゆ》れている。

平次郎《へいじろう》、家の中に入り、ご本尊《ほんぞん》を見つめる。

平次郎「……本当に困っている者を、どうして救ってくださらないんだ」

新太「……平次郎《へいじろう》」

平次郎「念仏《ねんぶつ》なんて、何の役にも立たないじゃないか……」

平次郎《へいじろう》、悔《くや》しそうにご本尊《ほんぞん》を見つめる。

40 平次郎の家・居室（数日後）

親鸞聖人《しんらんしょうにん》にお借りした書物が無造作に積まれている。

平次郎《へいじろう》、寝床《ねどこ》で横になり、ぼんやりしている。

41 田んぼ

働く彦六《ひころく》、竹太郎《たけたろう》、マツ。

マツ「いいのかい？　平次郎《へいじろう》は。もう三日も寝込《ねこ》んだままだけど」

彦六「ほっとけ。自分で何とかするだろう」

彦六《ひころく》、突然《とつぜん》激しく咳込《せきこ》む。

マツ「（不安）あんた……」

彦六「……大丈夫《だいじょうぶ》だ」

42 平次郎の家・居室

寝転《ねころ》んでいる平次郎《へいじろう》。

　ふと起き上がり、親鸞聖人《しんらんしょうにん》にお借りした書物を手に取る。

平次郎　「（暗い顔で見つめて）……」

43　稲田草庵・表（夕方）

　親鸞聖人《しんらんしょうにん》、イチョウの落ち葉を掃《は》かれている。
　平次郎《へいじろう》、暗い表情で来る。

親鸞聖人　「おお！　平次郎《へいじろう》か、どうした」

平次郎　「教えてください、親鸞《しんらん》さま。なぜ阿弥陀仏《あみだぶつ》は権八《ごんぱち》とアサを救ってくださらなかったのですか」

親鸞聖人　「なぜ……？」

平次郎　「権八《ごんぱち》もアサも親鸞《しんらん》さまのお話を聞いて、毎日念仏《ねんぶつ》を称《とな》えていました。なのに、何であんな目に……」

親鸞聖人「毎日念仏《ねんぶつ》を称《とな》えているから幸福になれるはずだ。そういう考えは捨てなさい。
この世は、人の力ではどうにもならんことばかりだ。どれほどかわいそうだ、気の毒だと哀《あわ》れんでも、思いどおりに他人を救うことはできんのだよ」

平次郎「……でも」

親鸞聖人「平次郎《へいじろう》。そなたは川で溺《おぼ》れている者を見たら、どうする？」

平次郎「……もちろん、助けます」

親鸞聖人「溺《おぼ》れている者を助けるには、まず自分が安全な所に立たねばならん。そうでなければ、救おうとする自分まで溺《おぼ》れてしまうぞ」

平次郎「（ハッとなって）……！」

親鸞聖人「権八《ごんぱち》とアサを本当に救いたければ、まず、そなたが阿弥陀仏《あみだぶつ》に救っていただかなければならん」

平次郎　「……」

親鸞聖人　「そなたが救われて浄土《じょうど》に生まれれば、権八《ごんぱち》とアサを思う存分救うことができる」

平次郎　「（顔を上げ）……」

親鸞聖人　「一日も早く救われるために、真剣《しんけん》に阿弥陀仏《あみだぶつ》の本願《ほんがん》を聞かねばならんぞ」

平次郎　「はい。ありがとうございます、親鸞《しんらん》さま……！」

合掌《がっしょう》した平次郎《へいじろう》の目から涙《なみだ》がこぼれる。

44　稲田の風景

字　幕　「六年後」

稲束《いねたば》が干されている。
その近くで子供たちが駆《か》け回《まわ》って遊んでいる。

45 田んぼ

青年になった平次郎《へいじろう》（18歳）と竹太郎《たけたろう》、働いている。

竹太郎「平次郎《へいじろう》。あとは俺《おれ》がやっておくから大丈夫《だいじょうぶ》だよ」

平次郎「え？」

竹太郎「今日は親鸞《しんらん》さまのご法話に出掛《でか》ける日だろう」

平次郎「……はい」

46 権八の家の前の道

平次郎《へいじろう》、歩いている。

権八《ごんぱち》の家の前に来て、立ち止まる。

×　×　×

フラッシュ。

笑顔《えがお》で手を振《ふ》る権八《ごんぱち》とアサ。

権八《ごんぱち》「平次郎《へいじろう》〜」

アサ「平《へい》ちゃーん」

×　×　×

物憂《ものう》げな表情で再び歩き出す平次郎《へいじろう》。

平次郎「……」

47 稲田草庵・表

平次郎《へいじろう》を待っている新太《しんた》（18歳）。

平次郎《へいじろう》、やってくる。

新太　「よう、平次郎《へいじろう》、待ってたぜ」

平次郎　「新太《しんた》……親鸞《しんらん》さまの大事なお話って、何だろうな」

平次郎　「(首を傾《かし》げて)さあ……」

平次郎《へいじろう》と新太《しんた》、歩いていく。

48　稲田草庵・広間

親鸞聖人《しんらんしょうにん》の前に集まるお弟子や同行《どうぎょう》たち。性信房《しょうしんぼう》、明法房《みょうほうぼう》、平次郎《へいじろう》、新太《しんた》。

明法房　「本当ですか、聖人《しょうにん》さま」

親鸞聖人　「ああ。本当だ。京に帰って、阿弥陀仏《あみだぶつ》の本願《ほんがん》を正しく伝える『教行信証《きょうぎょうしんしょう》』という書物を完成させることが、私の使命だと思っておる」

ざわつく同行《どうぎょう》たち。

新　太「……まだまだ親鸞《しんらん》さまから、教えをお聞きしたいのに」

平次郎「どうしても行ってしまうのですか」

親鸞聖人「うむ……。よくよく考えたうえで決めたことだからな。性信房《しょうしんぼう》、明法房《みょうほうぼう》。後は頼《たの》んだぞ」

性信房・明法房「はい」

平次郎「（うつむいて）……」

49 平次郎の家・居室（夕方）

壁《かべ》にはご本尊《ほんぞん》が大切に掛《か》けられている。

彦六《ひころく》、寝床《ねどこ》で横になっている。顔はやつれ、疲《つか》れ切《き》った様子。肺の病におかされているのだ。

その脇《わき》に座っている平次郎《へいじろう》。

彦　六　「ゲホッ！　ゲホッ！　ゲホゲホウォッホン！　ゲホッ！」

平次郎　「おっ父《とう》！」

彦　六　「ゴホッ！　ゴホッ！　ゴホッ！　平次郎《へいじろう》！　どうするつもりだ」

平次郎　「……えっ？」

彦　六　「京へ行かなくていいのか。親鸞《しんらん》さまのおそばで学びたいことがあるんだろう」

平次郎　「……」

50 稲田草庵・広間（数カ月後）

明法房《みょうほうぼう》、親鸞聖人《しんらんしょうにん》からのお手紙を読んでいる。

周りに集まっている性信房《しょうしんぼう》、平次郎《へいじろう》、新太《しんた》、同行《どうぎょう》たち。

明法房　「聖人《しょうにん》さまも同行衆《どうぎょうしゅう》も、無事に京に着かれたそうだ」

安堵《あんど》の息を漏《も》らす一同。

明法房「聖人《しょうにん》さまを慕《した》う人たちが、お住まいに続々と集まっているらしい」

同行Ａ「羨《うらや》ましいな」

同行Ｂ「俺《おれ》も行けるものなら京に行って、聖人《しょうにん》さまの教えをお聞きしたいよ」

同行Ｃ「俺《おれ》も行きたい！」

同行Ｄ「俺《おれ》も！」

新　太「んっ！」

平次郎《へいじろう》、今すぐ京に行きたい衝動《しょうどう》を押《お》し殺《ころ》し、拳《こぶし》を握《にぎ》りしめる。

新　太「（平次郎《へいじろう》を見て）……」

51 権八の家の前の道

平次郎《へいじろう》と新太《しんた》、歩いている。

新太　「よかったな、親鸞《しんらん》さまがお元気そうで」

平次郎　「……うん」

新太《しんた》、いきなり平次郎《へいじろう》を突《つ》き飛《と》ばす。

平次郎　「うわっ！」

平次郎《へいじろう》、道に倒《たお》れる。

平次郎　「何するんだよ！」

新太　「思ってることがあるなら、口に出して言えよ」

平次郎　「え……？」

新太　「おまえ、本当は親鸞《しんらん》さまに会いたいんだろう？　もっと教えが聞きたいんだろう？」

平次郎　「…………（頷《うなず》く）」

新太《しんた》、平次郎《へいじろう》の前にしゃがみ、

新太　「じゃあ、決まりだ。一緒《いっしょ》に京へ行くぞ」

平次郎　「え。でも……」

新太　「家のことが心配なのか」

平次郎　「……うん」

新太　「そりゃあ、俺《おれ》だって心配だよ。でも、親鸞《しんらん》さまがよく仰《おっしゃ》っていただろう。仏法《ぶっぽう》は聴聞《ちょうもん》に極《きわ》まるって」

平次郎　「（ハッとなり）……」

新太　「親鸞《しんらん》さまのお話を聞かせていただくことよりも大事なことなんて、ないんじゃないのか」

平次郎《へいじろう》に手を差し出す新太《しんた》。

平次郎　「新太《しんた》……」

平次郎《へいじろう》、新太《しんた》をじっと見つめる。その目に迷いはない。

新　太　「さぁ！」

新太《しんた》の手をしっかりつかむ平次郎《へいじろう》。

52　京の風景（数週間後）

季節は、春。満開の桜。

53　親鸞聖人の館・親鸞聖人の部屋（夕）

かしこまって座《すわ》っている平次郎《へいじろう》と新太《しんた》。汚《よご》れた顔と擦《す》り切《き》れた衣《ころも》が、旅の過《か》酷《こく》さを物語っている。

ふすまが開き、親鸞聖人《しんらんしょうにん》が蓮位房《れんにぼう》と入ってこられる。

平次郎　「親鸞《しんらん》さま……！」

新　太　「ご無沙汰《ぶさた》しております……！」

親鸞聖人「ああ。まさか、そなたたちが京まで来るとは思わなかったな」

平次郎・新太「(平身低頭しながら) はい」

平次郎「ただただ親鸞《しんらん》さまのおそばで、教えを聞きたい。その一心で参りました」

新　太「親鸞《しんらん》さま。俺《おれ》と平次郎《へいじろう》を、ここに置いていただくわけにはいきませんか」

親鸞聖人「うむ。しかし、平次郎《へいじろう》。そなたの父上は病におかされているのだろう？心配ではないのか？」

平次郎「……もちろん心配です。それでも、私は親鸞《しんらん》さまから、阿弥陀仏《あみだぶつ》の本願《ほんがん》をお聞きしたいのです」

親鸞聖人「うーん……」

親鸞聖人《しんらんしょうにん》、平次郎《へいじろう》と新太《しんた》をまっすぐ見つめられる。

平次郎《へいじろう》と新太《しんた》、しっかりと親鸞聖人《しんらんしょうにん》を見つめ返す。

親鸞聖人「……分かった。蓮位房《れんにぼう》」

蓮位房「はい」

親鸞聖人《しんらんしょうにん》、筆を執《と》られ、紙にそれぞれ二文字の漢字を書かれる。

静かに見守る平次郎《へいじろう》と新太《しんた》。

親鸞聖人「平次郎《へいじろう》。新太《しんた》。これをそなたたちに与《あた》えよう」

親鸞聖人《しんらんしょうにん》、平次郎《へいじろう》と新太《しんた》に紙を渡《わた》される。

平次郎《へいじろう》の紙には「唯円《ゆいねん》」、新太《しんた》の紙には「壮賢《そうけん》」と書かれている。

平次郎「これは……？」

親鸞聖人「唯円《ゆいねん》。阿弥陀仏《あみだぶつ》と向き合う、そなたの名前だ」

平次郎「（噛《か》みしめるように）唯円《ゆいねん》……」

親鸞聖人「新太《しんた》。そなたは今日から壮賢《そうけん》だ」

新　太「ありがとうございます、親鸞《しんらん》さま……！」
（以下、平次郎《へいじろう》改め唯円《ゆいねん》、新太《しんた》改め壮賢《そうけん》となる）

蓮位房「唯円《ゆいねん》。壮賢《そうけん》。郷里に残した父上や母上のご恩に報《むく》いるためにも、しっかりと聖人《しょうにん》さまの教えを聞くんだぞ」

唯円・壮賢「はい」

親鸞聖人「うむ……まずはゆっくり休んで、旅の疲《つか》れを癒《い》やすことだな」
親鸞聖人《しんらんしょうにん》、優《やさ》しく微笑《ほほえ》まれる。

唯円・壮賢「はい！」

54 親鸞聖人の館・廊下（夕）

唯円《ゆいねん》と壮賢《そうけん》、歩いている。
二人と同年代の弟子・燈念《とうねん》が掃除《そうじ》をしている。

唯円　「あの、あなたも聖人《しょうにん》さまのお弟子さまですか」

燈念　「ああ。そうだが」

唯円　「彼《かれ》は壮賢《そうけん》、私は唯円《ゆいねん》といいます。常陸《ひたち》の稲田《いなだ》から来ました。子供の頃《ころ》、聖人《しょうにん》さまと出会って、それから毎日のようにお話を……」

燈念　「（さえぎって）だから何だ？　聖人《しょうにん》さまと出会ったのが早いから、自分たちのほうが偉《えら》いとでも言いたいのか」

唯円　「いえ、そんなつもりは……」

燈念　「私は燈念《とうねん》だ。おまえたち田舎者《いなかもの》の身の上話を聞いてやるほど暇《ひま》ではない。おまえたち！　くれぐれも聖人《しょうにん》さまのじゃまはするなよ」

燈念《とうねん》、去っていく。

壮賢　「何だよ。いけすかないやつだな」

唯円　「……」

55 親鸞聖人の館・広間（翌朝）

親鸞聖人《しんらんしょうにん》の教えを真剣《しんけん》に聞いているお弟子たち。

親鸞聖人「人は必ず死ぬ。誰《だれ》も死を避《さ》けることはできない。自分の死んだ後の行き先が分からないから、人は皆《みな》、死を恐《おそ》れ、不安に駆《か》られるのだ。では、どうすればこの死という大問題を解決できると思う？」

燈念《とうねん》が挙手しようとするが、唯円《ゆいねん》が先に手を挙げる。

唯円「はい！　生きている今、阿弥陀仏《あみだぶつ》に一念《いちねん》で救っていただくことで解決できます」

親鸞聖人「一念《いちねん》というのはどういうことかな？」

唯円「あっという間もない一瞬《いっしゅん》のことです」

親鸞聖人「では、あっという間もない一瞬《いっしゅん》で、阿弥陀仏《あみだぶつ》に救っていただくと、どう

唯円　なる？」

唯円「死んだ後の行き先が極楽浄土《ごくらくじょうど》に決まりますから、この世で心安らかに生きることができます」

親鸞聖人「うむ、そうだな。では阿弥陀仏《あみだぶつ》のお力で絶対の幸福に救われ、浄土《じょうど》へ往《ゆ》ける身になることを何という？」

唯円《ゆいねん》、燈念《とうねん》よりわずかに先に挙手する。

唯円「はい！　平生業成《へいぜいごうじょう》、といいます」

親鸞聖人「そのとおりだ。唯円《ゆいねん》。そこに字を書いてくれるかな」

唯円「はい」

唯円《ゆいねん》、紙に筆で「平生業成《へいぜいごうじょう》」と書き、一同に見せる。

唯円「平生《へいぜい》とは、死んでからではなく、生きている今、ということです。業《ごう》とは、絶対の幸福のこと。成《じょう》とは、完成することです。ですから平生業成《へいぜいごうじょう》とは、生きている時に、最も大事な人生の目的が完成することです」

親鸞聖人「(微笑《びしょう》)唯円《ゆいねん》。よく教えを学んでいるな」

唯　円「(照れて)あっいいえ……」

燈念《とうねん》、不機嫌《ふきげん》な表情で唯円《ゆいねん》をにらむ。

56 親鸞聖人の館・廊下

親鸞聖人《しんらんしょうにん》と蓮位房《れんにぼう》の前に立っている唯円《ゆいねん》と壮賢《そうけん》。

唯円《ゆいねん》、親鸞聖人《しんらんしょうにん》に書物をお返しする。

唯　円「聖人《しょうにん》さま。どうもありがとうございました」

親鸞聖人「ほう。もう読み終わったのか」

唯　円「はい！　確かに頭の中に入れました」

親鸞聖人「そうか。では、新しい書物を貸してやろう。夕飯が済んだら部屋《へや》に来なさい」

唯円「はい！」

親鸞聖人《しんらんしょうにん》と蓮位房《れんにぼう》、歩き去られる。

燈念《とうねん》、唯円《ゆいねん》たちに近づいてくる。

燈念「おい、さっさと飯の支度《したく》をしろ」

唯円・壮賢「え？」

燈念「え、じゃない。新入りの仕事だ」

唯円「分かりました。すぐに取りかかります」

燈念「田舎臭《いなかくさ》い味つけにするなよ。京の人間は、舌が肥えているからな」

唯円《ゆいねん》と燈念《とうねん》、走り出す。

57 親鸞聖人の館・台所

唯円《ゆいねん》と壮賢《そうけん》、食事の支度《したく》をしている。

壮賢　「燈念《とうねん》のやつ、いちいち突《つ》っかかってきやがって」

唯円　「同じ道を歩む者同士だ。いつか分かり合える時が来るよ」

壮賢　「あんな嫌味《いやみ》なやつと分かり合いたくないね、俺《おれ》は」

つまみ食いを始める壮賢《そうけん》。

男の声　「失礼」

長身の美しい男が、唯円《ゆいねん》の背後から手を伸《の》ばし、鍋《なべ》のつゆを味見する。男は、親鸞聖人《しんらんしょうにん》の弟子・慧信房《えしんぼう》（26歳）だ。

慧信房　「少し味が濃《こ》いな」

と、鍋《なべ》に水を足す。

慧信房　「野菜はもっと細かく刻んだほうがいい。ちょっと貸してくれるか」

慧信房《えしんぼう》は唯円《ゆいねん》の包丁を取ると、鍋《なべ》の具の野菜を手際《てぎわ》よく刻んでいく。

唯円《ゆいねん》と壮賢《そうけん》、慧信房《えしんぼう》の包丁さばきを惚《ほ》れ惚《ぼ》れと見つめる。

慧信房 「あとは自分たちでできるな」

慧信房《えしんぼう》、唯円《ゆいねん》に包丁を返し、去ろうとする。

唯円 「あの、お名前は……？」

慧信房 「慧信房《えしんぼう》という」

唯円 「慧信房《えしんぼう》さま。昨日からここでお世話になっている……」

慧信房 「唯円《ゆいねん》だろう」

唯円 「えっ！」

慧信房 「で、おまえが壮賢《そうけん》か」

壮賢 「あっ、は、はい！」

慧信房 「聖人《しょうにん》さまを慕《した》って、稲田《いなだ》から来たそうだな。何か困ったことがあったら言えよ。じゃあな」

慧信房《えしんぼう》、去る。

壮賢　「（惚《ほ》れ惚《ぼ》れと）……あんなきれいな顔の人、初めて見た。やっぱり京はすごいな、唯円《ゆいねん》」

唯円《ゆいねん》、慧信房《えしんぼう》に渡《わた》された包丁をぼんやりと見ている。

壮賢　「おい、唯円《ゆいねん》」

唯円　「（ぼんやり）……」

壮賢　「平次郎《へいじろう》！」

唯円　「（ハッとなり）あ、ごめんごめん！」

唯円《ゆいねん》、慌《あわ》てて料理を再開する。

そんな唯円《ゆいねん》を怪訝《けげん》そうに見る壮賢《そうけん》。

58 親鸞聖人の館・寝室（夜）

寝静《ねしず》まった室内。

唯円《ゆいねん》が目を覚ますと、ふすまの向こうに人影《ひとかげ》が見える。

おそるおそる近づき、ふすまを細目に開けて覗《のぞ》く。

庭の池のほとりに立っておられる親鸞聖人《しんらんしょうにん》と慧信房《えしんぼう》。

親鸞聖人《しんらんしょうにん》の前でうつむいた慧信房《えしんぼう》の横顔は、ぞっとするほど美しい。

唯円「……？」

59 京の街・昼（数日後）

京の街を歩く唯円《ゆいねん》と壮賢《そうけん》。

壮賢「やっと飯炊《めした》きから解放されたな」

唯円「うん」

壮賢　「せっかくだから、町を見物していこうぜ」

60 広場

人だかりができている。
唯円《ゆいねん》と壮賢《そうけん》、来る。

唯円　「何だろう、あれ」
壮賢　「さあて？」
と、二人を押《お》しのけて、若い女二人組みが前に出る。
若い女Ａ　「あそこよ、慧信房《えしんぼう》さまが辻説法《つじせっぽう》してるの！」
若い女Ｂ　「すみません！　ちょっと通してください！」
若い女二人、人だかりの中に消える。
唯円　「慧信房《えしんぼう》さま……？」

壮賢「行ってみよう」

唯円《ゆいねん》と壮賢《そうけん》、人だかりに近づく。

最後列で背伸《せの》びをすると、辻説法《つじせっぽう》をする慧信房《えしんぼう》の姿が見える。

慧信房「親鸞聖人《しんらんしょうにん》は、阿弥陀仏《あみだぶつ》の救いは二度あると仰《おっしゃ》っています。この世では絶対の幸福に救い、死ねば浄土《じょうど》で仏に生まれさせる。阿弥陀仏《あみだぶつ》は、私たちをこの世でも未来でも救うと、命を懸《か》けてお約束されているのです」

唯円《ゆいねん》、慧信房《えしんぼう》の話に聞き入っている。

慧信房《えしんぼう》、唯円《ゆいねん》に気づく。

61 橋の近くの堤

慧信房《えしんぼう》とともに、堤《つつみ》に腰掛《こしか》けている唯円《ゆいねん》・壮賢《そうけん》。

壮賢「なぜ道端《みちばた》で説法されているのですか？」

慧信房「なぜ生きるか、生きる目的を知らない人、人生に絶望している人などは、仏法《ぶっぽう》を聞きにゆく余裕《よゆう》もないだろう。そういう人たちが、阿弥陀仏《あみだぶつ》の本願《ほんがん》を聞くきっかけを作れたらと思ってな」

壮　賢「（感心して）へえ……」

慧信房「おまえたち、京の町は初めてか」

唯円・壮賢「はい」

慧信房「では、よい所へ連れていってやろう」

唯円・壮賢「……？」

62 とある家の一室

慧信房《えしんぼう》、茶を点《た》てる。

怪訝《けげん》そうに見ている唯円《ゆいねん》と壮賢《そうけん》。

慧信房《えしんぼう》、茶を注いで、

慧信房　「さあ、どうぞ」

と、唯円《ゆいねん》たちに差し出す。

唯円　「……」

唯円《ゆいねん》と壮賢《そうけん》、おそるおそる茶を飲み、むせる。

唯円　「うっぷっ……」

壮賢　「苦《にが》っ……何ですかこれは……」

慧信房　「(笑って)宋《そう》の国から伝わった茶というものだよ。知り合いに分けてもらったんだ」

慧信房《えしんぼう》、おいしそうに茶を飲む。

唯円　「慧信房《えしんぼう》さまは、いろんな方とお付き合いがあるんですね」

慧信房　「ああ。道端《みちばた》で阿弥陀仏《あみだぶつ》の本願《ほんがん》をお伝えしていると、不思議と知り合いが増えていくんだ」

唯円・壮賢「へえ……」

唯円《ゆいねん》と壮賢《そうけん》、もう一度お茶をすすってみる。
そんな二人を優《やさ》しく見つめる慧信房《えしんぼう》。

63 親鸞聖人の館・寝室（夜）

唯円《ゆいねん》、ふすまをそっと開け、庭を見る。
親鸞聖人《しんらんしょうにん》と慧信房《えしんぼう》が池のほとりに佇《たたず》んでおられるのが見える。

×　×　×

慧信房「聖人《しょうにん》さま。私は唯円《ゆいねん》たちと一緒《いっしょ》にいると、時々胸が苦しくなります。いつか彼《かれ》らを傷つけてしまうのではないかと思うと、恐《おそ》ろしくなります」

親鸞聖人「それは、そなたがしっかりと自分を見つめている証《あかし》だよ」

慧信房　「……」

親鸞聖人　「阿弥陀仏《あみだぶつ》の光明《こうみょう》に照らされ、罪深い己《おのれ》の姿を知らされるのは、苦しいことだ。恐《おそ》ろしいことだ。しかしな、そんな者のために、阿弥陀仏《あみだぶつ》は本願《ほんがん》を建てられたのだよ」

慧信房　「……はい」

寝室《しんしつ》からその様子を覗《のぞ》き見《み》している唯円《ゆいねん》。

×　×　×

64 親鸞聖人の館・廊下（朝）

掃除《そうじ》をする唯円《ゆいねん》、壮賢《そうけん》、燈念《とうねん》。

壮　賢　「ちんたらやってると、おつとめに遅《おく》れるぞ、燈念《とうねん》」

燈　念　「ここに来たのは私が先なのだから、燈念《とうねん》さまと呼べ！」

壮賢「断る！」

燈念「これだから田舎者《いなかもの》は……」

言い合う壮賢《そうけん》と燈念《とうねん》。

そんな二人を見て、苦笑《くしょう》する唯円《ゆいねん》。

65 親鸞聖人の館・広間（朝）

お話をされる親鸞聖人《しんらんしょうにん》。

真剣《しんけん》に聞いている唯円《ゆいねん》、壮賢《そうけん》、慧信房《えしんぼう》、燈念《とうねん》、その他の弟子たち。

66 親鸞聖人の館・廊下

ご法話が終わり、唯円《ゆいねん》と壮賢《そうけん》、出てくる。

後から来た慧信房《えしんぼう》、二人に背後から近づいてきて、

慧信房　「おまえたち、ちょっと付き合ってくれないか」

慧信房《えしんぼう》、唯円《ゆいねん》と壮賢《そうけん》を連れて歩いていく。

三人を見送る弟子たち。その中に燈念《とうねん》もいる。

弟子A　「慧信房《えしんぼう》さまは、彼《かれ》らのことをえらく気に入ってるな」

弟子B　「ああ。まるで本当の兄弟みたいだ」

談笑《だんしょう》しながら去っていく唯円《ゆいねん》と慧信房《えしんぼう》。

燈　念　「(悔《くや》しそうに見送る)……」

67　広場

辻説法《つじせっぽう》をする慧信房《えしんぼう》。

慧信房　「念仏者《ねんぶつしゃ》は無碍《むげ》の一道《いちどう》なり。阿弥陀仏《あみだぶつ》に救われて念仏《ねんぶつ》する者は、どんなことも障《さわ》りにならない絶対の幸福者である、と親鸞聖人《しんらんしょうにん》は仰《おっしゃ》っています」

殺到《さっとう》する女性たちを押《お》さえる唯円《ゆいねん》と壮賢《そうけん》。

唯円　「ちょっと！　押《お》さないでください！」

壮賢　「慧信房《えしんぼう》さまは逃《に》げも隠《かく》れもしませんから！　押《お》さないで！」

女性たちに押《お》し込《こ》まれ、倒《たお》れそうになる二人。

68　氷屋

氷が削《けず》られていく。

削《けず》られた氷に甘味料《かんみりょう》が掛《か》けられる。

×　　×　　×

削《けず》り氷《ひ》を前にきょとんとする唯円《ゆいねん》と壮賢《そうけん》。

壮賢　「何ですか、これは」

慧信房　「清少納言《せいしょうなごん》の『枕草子《まくらのそうし》』に出てくる削《けず》り氷《ひ》だよ」

唯円　「……削《けず》り氷《ひ》にあまずら入れて、新しき金鋺《かなまり》に入れたる」

慧信房　「ほう。知っていたか、唯円《ゆいねん》」

唯円　「はい。でも、食べるのは初めてです」

慧信房　「そうか。一気に頬張《ほおば》ると頭が痛くなるから、少しずつ食べるんだぞ」

唯円　「はい！」

壮賢　「いただきます！」

唯円《ゆいねん》と壮賢《そうけん》、削《けず》り氷《ひ》を一口食べる。

唯円・壮賢　「……うまい！」

争うように削《けず》り氷《ひ》を食べ、ツーンとくる唯円《ゆいねん》たち。

慧信房　「ハハハハ……」

慧信房《えしんぼう》、ふっと寂《さみ》しげな表情になる。

69　氷屋の表（夕方）

唯円《ゆいねん》たち、出てくる。

唯　円「ごちそうさまでした」

壮　賢「うまかったです」

慧信房「機会があったらまた来よう」

唯円・壮賢「ありがとうございます」

唯　円「あの……私は聖人《しょうにん》さまからお使いを頼《たの》まれているので、先に帰っていてください」

慧信房「ああ、分かった」

壮　賢「また後でな」

唯　円「お気をつけて」

別れる唯円《ゆいねん》と、慧信房《えしんぼう》、壮賢《そうけん》。

70 豪商の家（夕方）

唯円《ゆいねん》、家人から書物を受け取り、お辞儀《じぎ》をする。

71 賀茂川沿いの道（夕方）

唯円《ゆいねん》、書物を持って歩いている。

と、後ろから来たみすぼらしい身なりの女が唯円《ゆいねん》の袖《そで》を引く。

女　「お兄さん。遊んでかない？」

唯円　「……放してください」

唯円《ゆいねん》、女の手を振《ふ》り払《はら》い、足早に歩く。

女、しつこく食い下がり、唯円《ゆいねん》の袖《そで》をつかむ。

女　「安くするから。ねぇ。いいでしょ？」

唯円　「……やめてください！」

唯円《ゆいねん》、振《ふ》り返《かえ》って、女をにらむ。

唯円「（女の顔を見て）！」

女「（唯円《ゆいねん》の顔を見て）！」

×　×　×

フラッシュ。

笑顔《えがお》で手を振《ふ》る少女のアサ。

アサ（10歳）「平《へい》ちゃーん」

×　×　×

唯円「おまえ……アサ……!?　アサじゃないか」

アサ、唯円《ゆいねん》を突《つ》き飛《と》ばし、逃《に》げ出《だ》す。

唯円「待ってくれ、アサ！」

唯円《ゆいねん》、アサを追いかける。

アサ、逃《に》げていく。
唯円《ゆいねん》、必死にアサを追う。

72 橋の下（夕方）

アサ「きゃっ！」
アサ、転ぶ。
追いつく唯円《ゆいねん》。
唯円「アサ、しっかりしろ！　大丈夫《だいじょうぶ》か」
アサを助け起こす唯円《ゆいねん》。
唯円「久しぶりだな、アサ。覚えてるだろう。稲田《いなだ》で一緒《いっしょ》だった平次郎《へいじろう》だよ」
アサ「放して！　あんたなんか知らない！」
唯円「アサ……」

木の向こうに落ちていく夕日。

唯円　「アサ……あれからどうしてたんだ？　ずっと心配してたんだぞ、私も新《しん》太《た》も。村のみんなも」

アサ　「（唯円《ゆいねん》をにらんで）まだ坊主《ぼうず》の真似事《まねごと》してるの？」

唯円　「え……？」

アサ　「そんなことして、何の意味があるっていうのよ」

唯円　「それは、阿弥陀仏《あみだぶつ》のお力で救っていただいて……」

アサ　「何が阿弥陀仏《あみだぶつ》だ！　全ての人を救うなんて、嘘《うそ》っぱちじゃないか！」

唯円　「（何も言えず）……」

アサ　「二度と顔を見せないで！」

アサ、足早に去っていく。

73 親鸞聖人の館・庭（夜）

唯円《ゆいねん》、悄然《しょうぜん》と帰ってくる。

縁側《えんがわ》に座《すわ》っていた慧信房《えしんぼう》が、そんな様子の唯円《ゆいねん》に気づく。

慧信房「遅《おそ》かったな、唯円《ゆいねん》。晩飯まだ残ってるぞ」

唯　円「……今日は要《い》りません」

唯円《ゆいねん》、去っていく。

慧信房「……？」

74 親鸞聖人の館・広間（朝）

おつとめをされる親鸞聖人《しんらんしょうにん》、蓮位房《れんにぼう》、弟子たち。

心ここにあらずで、身が入っていない様子の唯円《ゆいねん》。

75 親鸞聖人の館・台所

料理をする唯円《ゆいねん》と燈念《とうねん》。
唯円《ゆいねん》がぼんやりしているうちに、釜《かま》から湯が噴《ふ》きこぼれる。

燈念「おい！　唯円《ゆいねん》！　あーつっ！」
燈念《とうねん》、慌《あわ》てて釜《かま》の蓋《ふた》を取る。

燈念「おい、しっかりしろ！」

唯円「……すみません」

燈念「まったく。これだから田舎者《いなかもの》は……」
燈念《とうねん》、唯円《ゆいねん》をにらむ。

唯円「……」
唯円《ゆいねん》、魂《たましい》が抜《ぬ》けたような顔をしている。

燈念「……？」

76 親鸞聖人の館・寝室（夜）

眠《ねむ》っている弟子たち。

燈念《とうねん》、そっと起き上がり、窓辺に行く。

唯円《ゆいねん》が庭で合掌《がっしょう》し、一心不乱に念仏《ねんぶつ》を称《とな》えているのが見える。

燈念「ん……？」

唯円「南無阿弥陀仏《なむあみだぶつ》、南無阿弥陀仏《なむあみだぶつ》、南無阿弥陀仏《なむあみだぶつ》、南無阿弥陀仏《なむあみだぶつ》……」

燈念「……」

と、慧信房《えしんぼう》が燈念《とうねん》の後ろに来る。

燈念「慧信房《えしんぼう》さま……？」

慧信房「唯円《ゆいねん》のやつ、最近少し様子がおかしいな」

燈念「……どうせ田舎《いなか》が恋《こい》しくなったんでしょう」

慧信房「本当にそう思うか？」

燈　念「……」

77 親鸞聖人の館・廊下（日替わり）

掃除《そうじ》をする壮賢《そうけん》と燈念《とうねん》。
唯円《ゆいねん》がふらっと表に出ていくのが見える。

燈　念「（気になる）……」

78 街の中

歩く唯円《ゆいねん》。
やや離《はな》れて後を追う燈念《とうねん》。

79 橋の下

アサ、小屋の中で残飯のような物を食べている。
唯円《ゆいねん》、来る。

唯円「アサ……」
アサ「(面倒《めんどう》くさそうに) また来たの?」
唯円「……アサ。私は、今、親鸞《しんらん》さまのおそばにいるんだ」
アサ「……」
唯円「一緒《いっしょ》に来ないか。そうすれば、温かい飯も食べられるし、ちゃんと屋根の下で眠《ねむ》れるぞ。こんな生活から抜《ぬ》け出《だ》すんだ」
アサ「帰れっ!」
アサに、小屋の外へ突《つ》き飛《と》ばされる唯円《ゆいねん》。
唯円「わっ!」

唯円《ゆいねん》に茶碗《ちゃわん》を投げつけるアサ。

それを目撃《もくげき》する燈念《とうねん》。

燈念　「！……」

アサ　「誰《だれ》が坊主《ぼうず》の世話になんてなるもんか！」

×　×　×

物陰《ものかげ》から唯円《ゆいねん》たちの様子を窺《うかが》う燈念《とうねん》。

と、そこへ慧信房《えしんぼう》が来る。

慧信房　「こんなところで何してるんだ、燈念《とうねん》」

燈念　「え、慧信房《えしんぼう》さま……!?（ハッ）」

燈念《とうねん》、慌《あわ》てて自分の口を押《お》さえる。

慧信房　「？」

燈念《とうねん》、無言で唯円《ゆいねん》のほうを指さす。

慧信房　「あれは、唯円《ゆいねん》……？」

×　×　×

アサ　「(手で猫《ねこ》を追《お》い払《はら》うようにして) さっさと帰って！　坊主《ぼうず》がそばにいちゃ、辛気臭《しんきくさ》くて客が寄りつかないんだよ！」

唯円　「……また来るよ。アサ」

唯円《ゆいねん》、踵《きびす》を返し、歩いていく。

×　×　×

その一部始終を見ていた慧信房《えしんぼう》と燈念《とうねん》。

燈念　「唯円《ゆいねん》は、なぜあのような卑《いや》しい遊女と……」

慧信房　「……あいつのことだ。何か事情があるんだろう」

80 親鸞聖人の館・食堂（夕方）

食事をする弟子たち。
唯円《ゆいねん》は箸《はし》が全く進まない。

壮賢　「何だよ。食わないのか」

唯円　「……うん」

壮賢　「もったいないな」
壮賢《そうけん》、唯円《ゆいねん》の皿からつまみ食いする。

壮賢　「うん、うまい！」
唯円《ゆいねん》を気にする慧信房《えしんぼう》と燈念《とうねん》。

81　親鸞聖人の館・庭（夜）

唯円《ゆいねん》、縁側《えんがわ》に腰掛《こしか》け、物思いにふけっている。
慧信房《えしんぼう》が来て、隣《となり》に座《すわ》る。

慧信房　「今夜は月がきれいだな」

唯　円　「え……？」

唯円《ゆいねん》が空を見上げると、美しい満月が浮《う》かんでいる。

慧信房　「うつむいてばかりいると、美しいものも目に入らんぞ。困っていることがあるなら、話してみろ」

唯　円　「……実は先日、妹のようにかわいがっていた女と久しぶりに再会しました」

82 賀茂川沿いの道（夜）

アサ、男の袖《そで》を引いている。

唯円の声　「昔は一緒《いっしょ》に聖人《しょうにん》さまの教えを聞きに行っていたのですが、今は遊女に身を落としてしまって……」

83 親鸞聖人の館・庭（夜）

縁側《えんがわ》に座《すわ》る唯円《ゆいねん》と慧信房《えしんぼう》。

唯円「子供の頃《ころ》に彼女《かのじょ》を助けることができなかったから、今度こそ力になってやりたいのです……」

慧信房「唯円《ゆいねん》。彼女《かのじょ》のために、おまえができることは何だ？」

唯円「温かい食事と清潔な着物を用意することでしょうか」

慧信房「そんなことでは彼女《かのじょ》は救われない。本当に彼女《かのじょ》を救うことができるのは、阿弥陀仏《あみだぶつ》の本願《ほんがん》だけだよ」

唯円「でもアサは……、彼女《かのじょ》はご本尊《ほんぞん》を捨ててしまったのですよ」

慧信房「一度ご本尊《ほんぞん》を捨てた者は、救われないのか？」

唯円「え……？」

慧信房「ご本尊《ほんぞん》を捨ててしまうような悪人こそ、真っ先に阿弥陀仏《あみだぶつ》の救いの対象になるのではないか？」

唯円「（ハッとして）悪人こそが、救われる……」

慧信房「（優《やさ》しく）聖人《しょうにん》さまのご法話《ほうわ》に連れておいで。それが、彼女《かのじょ》のためにできる最善のことだよ」

唯円「……はいっ！」

84 橋の下（翌日）

唯円《ゆいねん》、走ってくる。

アサは背を向けて寝転《ねころ》んでいる。

唯円「……アサ。親鸞《しんらん》さまにご挨拶《あいさつ》に行かないか」

アサ「……」

唯円「一緒《いっしょ》に教えを聞かせていただこう。昔みたいに」

唯円《ゆいねん》、アサに近づき、ハッとなる。

あぶら汗《あせ》をかき、苦しそうに呼吸しているアサ。

アサ「(ハアハア)……」

唯円「！……　アサッ！」

85 街中

唯円《ゆいねん》、アサを背負って走る。

唯円「……アサ、しっかりしろ！」

唯円《ゆいねん》、奇異《きい》の目で見る人々を尻目《しりめ》に走る。

86 親鸞聖人の館・表

慧信房の声「もう大丈夫《だいじょうぶ》だ。心配いらないよ」

87 親鸞聖人の館・一室

アサが床《とこ》に臥《ふ》している。

その脇《わき》に座《すわ》る唯円《ゆいねん》、壮賢《そうけん》。

慧信房「しっかり栄養を取って、二、三日休めばよくなるはずだ」

唯　円「(安堵《あんど》)……そうですか」

壮　賢「(安堵《あんど》)よかった……」

慧信房「何かあったら、いつでも呼んでくれ」

唯円・壮賢「ありがとうございます」

慧信房《えしんぼう》、出ていく。

壮賢「おい。何でもっと早く教えてくれなかったんだ。アサが京にいるって」

唯円「……ごめん。自分の力で、何とかしたいと思って」

アサ「……」

壮賢「アサ。権八《ごんぱち》が今何してるか、分かるか」

アサ「(無言で首を横に振《ふ》る)……」

壮賢「そうか。どこかで元気にしてりゃいいけど……」

と、ふすまが開き、親鸞聖人《しんらんしょうにん》が入ってこられる。

唯円「聖人《しょうにん》さま……」

アサの枕元《まくらもと》に座《すわ》る、親鸞聖人《しんらんしょうにん》。

親鸞聖人「アサ。久しぶりだな」

アサ「……」

親鸞聖人「父上と母上を亡《な》くして、つらかったろう。私も四歳で父を、八歳で母を亡くしている。そなたの気持ちが少しは分かるつもりだ」

アサ　「……私は親不孝者です。おっ父《とう》とおっ母《かあ》の葬式《そうしき》もしてやれませんでした」

親鸞聖人　「葬式《そうしき》など、しなくてもいいよ」

アサ　「え……？」

親鸞聖人　「私は、亡《な》くなった父や母の供養《くよう》のために、一度の念仏《ねんぶつ》も称《とな》えたことはない。念仏《ねんぶつ》を称《とな》えても、亡《な》くなった者を救うことはできんからな」

アサ　「……じゃあ、おっ父《とう》とおっ母《かあ》は、もう助けられないっていうことですか？」

唯円　「違《ちが》うよ、アサ。溺《おぼ》れている者を助けるには、まず自分が安全な所に立たなければならないんだ」

アサ　「安全な所……？」

唯　円　「そうだ。おっ父《とう》とおっ母《かあ》を助けるためには、まずアサ自身が阿弥陀仏《あみだぶつ》に助けていただかなければならないんだよ」

親鸞聖人　「唯円《ゆいねん》の言うとおりだ。阿弥陀仏《あみだぶつ》に絶対の幸福に救っていただき、やがて浄土《じょうど》で仏の覚《さと》りを開けば、どんな苦しみの世界に沈《しず》んでいる者でも、助けることができるのだよ」

アサ　「私が救われれば、死んだおっ父《とう》とおっ母《かあ》を救えるんですか……？」

親鸞聖人　「そうだ。そなたも私も、世間から見れば親不孝者かもしれん。だがな。形ばかりの葬式《そうしき》を挙げて、阿弥陀仏《あみだぶつ》の本願《ほんがん》を聞かない者こそが、本当の親不孝者なのだよ」

アサ　「……」

親鸞聖人　「アサ。一日も早く阿弥陀仏《あみだぶつ》の本願《ほんがん》を聞いて、絶対の幸福になりなさい」

アサ　「……はい」

親鸞聖人「好きなだけここにいていいからな。いつでもまた、話を聞きにおいで」

アサ「……ありがとうございます、親鸞《しんらん》さま」

アサ、涙《なみだ》をこぼす。

唯円「……」

優《やさ》しい表情でアサを見つめる唯円《ゆいねん》。

88 親鸞聖人の館・広間（朝）

車座になって仏法讃嘆《ぶっぽうさんだん》する親鸞聖人《しんらんしょうにん》、蓮位房《れんにぼう》、慧信房《えしんぼう》、燈念《とうねん》、唯円《ゆいねん》、壮賢《そうけん》。

アサもいる。

親鸞聖人「燈念《とうねん》。善人とは、どういう者のことだったかな」

燈念「はい。阿弥陀仏《あみだぶつ》の本願《ほんがん》を疑い、自分の力で浄土《じょうど》に往《い》けると自惚《うぬぼ》れている人のことです」

親鸞聖人「では、唯円《ゆいねん》。善人は、阿弥陀仏《あみだぶつ》に救われないのだろうか？」

唯　円「そんなことはありません。自惚《うぬぼ》れ心《ごころ》に驚《おどろ》き、真剣《しんけん》に仏法《ぶっぽう》を聞き分ければ、阿弥陀仏《あみだぶつ》の不思議なお力によって、救っていただけます」

親鸞聖人「（微笑《びしょう》）うむ」

89　親鸞聖人の館・台所

手早く料理を作るアサ。
隣《となり》で感心して見ている唯円《ゆいねん》。
壮賢《そうけん》、つまみ食いをしてアサににらまれる。

90　親鸞聖人の館・廊下

楽しげに掃除《そうじ》をする唯円《ゆいねん》、アサ、壮賢《そうけん》。

壮賢「あっ……わわ……、あーっ！」

壮賢《そうけん》、落としたタライを追って、縁側《えんがわ》から落ちる。

アサ・唯円「ハハハハ……」

その様子を羨《うらや》ましそうに見ている燈念《とうねん》。

91 親鸞聖人の館・広間

車座になって仏法讃嘆《ぶっぽうさんだん》する親鸞聖人《しんらんしょうにん》、蓮位房《れんにぼう》、慧信房《えしんぼう》、燈念《とうねん》、唯円《ゆいねん》、壮賢《そうけん》、アサ。

親鸞聖人「うむ。では、唯円《ゆいねん》。阿弥陀仏《あみだぶつ》が悪人と言われているのは、どんな者かな」

唯円「はい。死ぬまで減りもしなければ、なくなりもしない、煩悩《ぼんのう》の塊《かたまり》である、われわれのことではないでしょうか」

親鸞聖人「では、どんな行いをする者が、悪人だと思う。燈念《とうねん》」

燈　念「はい。人を殺したり、他人の物を盗《ぬす》んだりする者でしょうか」

親鸞聖人「じゃ、燈念《とうねん》。仲間を裏切った者、道ならぬ恋《こい》に落ちた者、他人の悪口を言《い》い触《ふ》らす者はどうかな」

燈　念「ハア……」

思案げな面持ちの壮賢《そうけん》・燈念《とうねん》・アサ。

親鸞聖人「壮賢《そうけん》。嫌《きら》いな人が災難に遭《あ》い、苦しんでいる姿を見たら、どう思うかな？」

壮　賢「……そんなことを考えてはいけないのでしょうが、いい気持ちがします」

親鸞聖人「そうだな。他人には絶対言えない、恐《おそ》ろしいことを思いながら、それを少しも悪と思わぬ者が、人間の本当の姿なのだ。体や口を動かしている物は何だか分かるか。

（しばし、皆《みな》を見つめて）それはな、心なのだよ」

アサ　「え？　心ですか？」

親鸞聖人　「そうだ。体で造る罪よりも、心で思う罪は最も重いのだよ。阿弥陀仏《あみだぶつ》が悪人と言われているのは、そんな心の悪人のことなのだ」

92　街中の道（夕方）

京の街を歩く唯円《ゆいねん》、アサ、燈念《とうねん》。

と、中年の町人二人組みがアサに近寄ってくる。

町人A　「よう。今日は若い坊主《ぼうず》がお相手かい」

町人B　「たまには俺《おれ》たちの相手もしてくれよ。昔みたいに」

アサ　「……」

困った表情のアサ。

町人A　「ちゃんと金は払《はら》うからよ！　いいだろ、な？」

唯円　「……」

唯円《ゆいねん》が町人たちをにらみ、言葉を発しようとした瞬間《しゅんかん》、

燈念　「……汚《きたな》いやつらだ」

町人A　「何？」

燈念　「おまえらのことを、汚《きたな》いやつらだと言ったんだ」

町人A、燈念《とうねん》の胸《むな》ぐらをつかむ。

町人A　「フン！　体を売って稼《かせ》ぐ女よりマシだと思うがな」

アサ　「(うつむいて)……」

燈念　「いや。身分や職業で人を差別するおまえらが一番汚《きたな》い。馬の糞《くそ》のほうがよっぽどきれいだ」

町人A　「この野郎《やろう》！」

町人A、燈念《とうねん》を殴《なぐ》り倒《たお》す。

アサ、悲鳴を上げる。

唯円　「燈念《とうねん》！」

町人二人組みがなおも燈念《とうねん》に殴《なぐ》りかかろうとするのを、唯円《ゆいねん》がかばう。

町人A　「コノヤロー！」

唯円　「やめるんだ！」

町人A　「うるせえ！　おまえもやるぞ！」

そこへ慧信房《えしんぼう》が同行《どうぎょう》たちを連れて駆《か》けつける。

慧信房　「おい、何やってるんだ!?」

町人A　「チッ！　行くぞ！」

町人二人組み、舌打ちをして、去っていく。

唯円《ゆいねん》、燈念《とうねん》を抱《かか》え起《お》こす。

唯　円　「燈念《とうねん》！　……ありがとう。燈念《とうねん》」

燈　念　「……私はただ、仲間を侮辱《ぶじょく》されて腹が立っただけだ」

アサ　「（うれしい）……」

燈念《とうねん》、唯円《ゆいねん》の手をどけて、自分で立ち上がる。

93 親鸞聖人の館・庭（夜）

縁側《えんがわ》に座《すわ》っている慧信房《えしんぼう》と燈念《とうねん》。

慧信房　「驚《おどろ》いたよ。おまえが唯円《ゆいねん》とアサを助けるとはな」

燈　念　「……私は、唯円《ゆいねん》の才能に嫉妬《しっと》していました。聖人《しょうにん》さまも、慧信房《えしんぼう》さまも唯円《ゆいねん》のことをかわいがっておられたし……」

慧信房　「嫉妬《しっと》するほど憎《にく》い相手を、なぜ助けたんだ？」

燈　念　「唯円《ゆいねん》がここに来てから、私は以前よりも真剣《しんけん》に聖人《しょうにん》さまの教えに耳を傾《かたむ》けるようになりました。唯円《ゆいねん》に負けたくない一心で、書物も読むようになりました。あいつは私を成長させてくれる存在だと、ようやく気づいたのです」

慧信房　「大人になったな、燈念《とうねん》」

慧信房《えしんぼう》、燈念《とうねん》の頭を優《やさ》しくなでる。

燈念《とうねん》、今まで見せたことのない無邪気《むじゃき》な笑顔《えがお》になる。

燈　念　「でも、唯円《ゆいねん》のことを好きになったわけではありません」

慧信房　「いいんだよ、それで」

燈　念　「え？」

慧信房　「嫉妬《しっと》という煩悩《ぼんのう》を消すことはできない。人間は死ぬまで煩悩《ぼんのう》から離《はな》れ切《き》れない悪人だからな」

燈念「……」

慧信房「最も恐《おそ》ろしい罪は、阿弥陀仏《あみだぶつ》の本願《ほんがん》を疑う心だ……」

94 親鸞聖人の館・表（日替わり）

掃除《そうじ》をする唯円《ゆいねん》と壮賢《そうけん》。

壮賢「アサのやつ、子供の頃《ころ》からおまえにべったりだよな」

唯円「え……？」

壮賢「あいつ、おまえに惚《ほ》れてんだよ。きっと」

唯円「（動揺《どうよう》）そんなはずないよ……」

と、そこへ蓮位房《れんにぼう》が来る。

蓮位房「唯円《ゆいねん》。関東の明法房《みょうほうぼう》から手紙が届いたぞ」

唯円「……え。明法房《みょうほうぼう》さまから？」

蓮位房《れんにぼう》、唯円《ゆいねん》に手紙を渡《わた》し、去っていく。

唯円《ゆいねん》、手紙を開き、読む。

明法房の声「唯円《ゆいねん》。おまえの父上が亡《な》くなった」

95 賀茂川沿いの道

悄然《しょうぜん》と歩く唯円《ゆいねん》。

明法房の声「父上は、いつもおまえのことを気にかけていた。ちゃんと飯を食べているか。京の仲間とうまくやっているか。聖人《しょうにん》さまの教えを真剣《しんけん》に聞いて、正しく学んでいるか。毎日おまえの話ばかりしていた」

唯円《ゆいねん》の歩く速度が次第《しだい》に速くなっていく。

明法房の声「父上のためにも、一日も早く絶対の幸福に救われ、平生業成《へいぜいごうじょう》の身になりなさい」

唯円《ゆいねん》、走る。がむしゃらに走る。

96 賀茂川のほとり

走ってきた唯円《ゆいねん》、地面に倒《たお》れ込《こ》む。
そして、子供のように泣きじゃくる。

唯円「おっ父《とう》……!! ううう……」

と、誰《だれ》かが唯円《ゆいねん》の背中を優《やさ》しくさする。
顔を上げると、アサだった。
アサ、悲しみに満ちた表情で唯円《ゆいねん》を見つめている。

唯円「アサ……、ううう……」

アサ、唯円《ゆいねん》を抱《だ》きしめる。
アサに抱《だ》かれながら、泣き続ける唯円《ゆいねん》。

壮賢《そうけん》、離《はな》れた所から二人を見守っている。

97 街中

歩く唯円《ゆいねん》、壮賢《そうけん》、アサ。

壮賢　「俺《おれ》の親父《おやじ》もお袋《ふくろ》も、いつか死ぬんだよな」

唯円　「……うん」

アサ　「……儚《はかな》いものね、人の一生って……」

壮賢　「ん、何だ」

と、三人の行く手に野次馬が集まっている。

壮賢　「行ってみようぜ。何かあったんですか？」

野次馬A　「旅人を殺して金を奪《うば》った野郎《やろう》が捕《つか》まったんだとよ」

壮賢　「へえ。どんなやつですか」

野次馬Ａ「若い男らしい」

野次馬Ｂ「おい、来たぞ！」

役人数人が縄《なわ》で縛《しば》った男を連行していく。

検非違使Ａ「どけどけ。道を空けろ！　人を殺して金を奪《うば》った盗人《ぬすっと》を捕《と》らえた！　明後日《あさって》の正午、打ち首にする！」

野次馬から怒号《どごう》のような歓声《かんせい》が上がる。

ガヤ「人殺し！」

ガヤ「極悪人《ごくあくにん》！」

ガヤ「殺せ！」

ガヤ「死ね、悪党！」

男が唯円《ゆいねん》たちの前にやって来る。

アサ「あっ!!　あ、兄《あに》ぃ……！」

唯円《ゆいねん》と壮賢《そうけん》、捕《と》らえられた傷だらけの男を見つめる。
その男は、青年になった権八《ごんぱち》だった。

唯円　「えっ……権八《ごんぱち》？」

壮賢　「権八《ごんぱち》！　おい、権八《ごんぱち》！　おまえ、権八《ごんぱち》か!?」

役人　「ええい、じゃまだ」

権八《ごんぱち》、ちらっと唯円《ゆいねん》たちを見る。

壮賢　「どうしたんだよ！　何かの間違《まちが》いだろ！」

壮賢《そうけん》、権八《ごんぱち》に追いすがろうとするが、「下がれ！」と役人に突《つ》き飛《と》ばされ、尻餅《しりもち》をつく。
遠ざかっていく権八《ごんぱち》と役人たち。

壮賢　「待て！　権八《ごんぱち》!!」

唯円　「（アサを見る）……」

アサ、ショックで顔面蒼白《がんめんそうはく》になり、震《ふる》えている。

アサ　「……」

98 親鸞聖人の館・一室（夕方）

呆然《ぼうぜん》と座《すわ》っているアサ。

慧信房の声　「そうか。アサの兄上が、そんなことに……」

99 親鸞聖人の館・庭（夕方）

池のほとりで話す唯円《ゆいねん》、慧信房《えしんぼう》、壮賢《そうけん》。

唯　円　「慧信房《えしんぼう》さま。私たちは、どうすればいいのでしょうか」

慧信房　「……うむ」

唯　円　「せめて、もう一度権八《ごんぱち》に会うことができれば……」

慧信房「（思案顔）……」

100 検非違使の屋敷・表（夜）

検非違使《けびいし》の男、扉《とびら》を開けて表に出てくる。

検非違使「こんな時間に何の用だ……」

表に立っているのは、慧信房《えしんぼう》。

検非違使「坊《ぼん》……？　松崎家《まつざきけ》の坊《ぼん》ですか？」

慧信房「……久しぶりだな。後藤《ごとう》」

検非違使「……田舎《いなか》の者はみんな、あなたが死んでしまったと思っていますよ。とにかく、ご無事で何よりです」

慧信房「……ありがとう。実は、おまえに頼《たの》みがあって来たんだ」

検非違使「何でしょうか……？」

慧信房　「今日捕《つか》まった男のことなんだが……」

101 京の風景（翌朝）

102 親鸞聖人の館・一室（朝）

座《すわ》っている唯円《ゆいねん》、アサ、壮賢《そうけん》、慧信房《えしんぼう》。

慧信房　「今夜、短い時間だが、権八《ごんぱち》と会えることになったぞ」

唯円・壮賢・アサ　「え……！」

壮　賢　「本当ですか、慧信房《えしんぼう》さま！」

慧信房　「ただし、会えるのは一人だけだ」

唯　円　「あ……」

困惑《こんわく》しながら互《たが》いを見る唯円《ゆいねん》、壮賢《そうけん》、アサ。

慧信房　「三人で、よく相談して決めなさい」
慧信房《えしんぼう》、出ていく。
しばし沈黙《ちんもく》。
アサ　「平次郎《へいじろう》さん、行ってくれない？」
唯円　「ん……」
アサ　「平次郎《へいじろう》さんなら、聖人《しょうにん》さまのお言葉を、そのまま兄《あに》ぃに伝えられるでしょ」
壮賢　「俺《おれ》も、平次郎《へいじろう》が行くのがいいと思う」
アサと壮賢《そうけん》、まっすぐ唯円《ゆいねん》を見つめる。
唯円　「……」
アサ　「……」
壮賢　「……」

唯円　「…………分かった」

103　監獄（夜）

無表情で座《すわ》っている権八《ごんぱち》。
格子越《こうしご》しに向き合っている唯円《ゆいねん》。

唯円　「親鸞《しんらん》さまは、こう仰《おっしゃ》っていたよ。
『弥陀《みだ》の誓願不思議《せいがんふしぎ》に助けられまいらせて往生《おうじょう》をば遂《と》ぐるなりと信じて、念仏《ねんぶつ》申さんと思いたつ心のおこるとき、すなわち摂取不捨《せっしゅふしゃ》の利益《りやく》にあずけしめたもうなり』」

権八　「……」

唯円　「阿弥陀仏《あみだぶつ》のお力は限りがないから、どんな悪人も捨てず裁かず、絶対の幸福に、救《すく》い摂《と》ってくださされるんだよ。権八《ごんぱち》！」

権八「……そんな話、今の俺《おれ》には役に立たん」

唯円「そんなことはない。阿弥陀仏《あみだぶつ》の救いは、一瞬《いっしゅん》だ。まだ間に合うんだよ、権八《ごんぱち》」

権八「俺《おれ》のような悪人が救われるわけないだろう」

唯円「……善人なおもって往生《おうじょう》を遂《と》ぐ、いわんや悪人をや」

権八《ごんぱち》、ハッとなる。

× × ×

フラッシュ。稲田時代《いなだじだい》の回想。

親鸞聖人「善人でさえ、浄土《じょうど》へ生まれることができる。ましてや悪人は、なおさらだ」

× × ×

唯円「阿弥陀仏《あみだぶつ》は、全ての人間は煩悩《ぼんのう》の塊《かたまり》だと見抜《みぬ》かれていた。そのうえで、そんな悪人を『必ず救う』と誓《ちか》われているんだ。悪人を救うことこそが、阿弥陀仏《あみだぶつ》の大慈悲《だいじひ》なんだよ」

権八　「（真剣《しんけん》に）……」

格子越《こうしご》しに向き合う二人。

唯円　「権八《ごんぱち》。おまえは決して許されない罪を犯《おか》した。世間から見れば、間違《まちが》いなく悪人だ。でも本当は、全ての人間が悪人なんだ。全ての人間が阿弥《あみ》陀仏《だぶつ》の本願《ほんがん》に救われ、極楽浄土《ごくらくじょうど》に生まれることができるんだ。阿弥陀仏《あみだぶつ》の救いに、条件はないんだよ」

権八　「（微笑《びしょう》）……懐《なつ》かしいな」

唯円　「えっ？……」

権八　「子供の頃《ころ》、よくこうして、おまえに親鸞《しんらん》さまの教えを聞かせてもらっただろ」

唯円「……ああ」

権八「……俺《おれ》のオヤジは、酒好き博打《ばくち》好きのろくでなしだった。それなのに、最後の最後で俺《おれ》たち家族を守ろうとした。……あの日から、何が善いことで、何が悪いことなのか。俺《おれ》には分からなくなっちまった」

唯円「権八《ごんぱち》……」

権八「もっと早く、おまえと再会できたらよかった。もっと真剣《しんけん》に、親鸞《しんらん》さまの教えをお聞きすればよかった」

唯円「（涙《なみだ》をこらえて）……」

権八「あの頃《ころ》には、もう戻《もど》れないんだな……」

権八《ごんぱち》、肩《かた》を震《ふる》わせ、唯円《ゆいねん》を見つめる。

権八「親鸞《しんらん》さまに伝えてくれ。ありがとうございました、と」

唯円「ん……（頷《うなず》く）」

104 監獄の近くの広場（翌朝）

処刑《しょけい》を見物しようと野次馬が集まっている。
その中に唯円《ゆいねん》、壮賢《そうけん》、アサ、慧信房《えしんぼう》がいる。
役人に連れられ、権八《ごんぱち》が現れる。
野次馬から罵声《ばせい》が飛ぶ。

権八「（唯円《ゆいねん》たちを見て）……」
唯円「（権八《ごんぱち》を見つめて）……」

アサ、合掌《がっしょう》し、念仏《ねんぶつ》を称《とな》える。
唯円《ゆいねん》、慧信房《えしんぼう》、壮賢《そうけん》も念仏《ねんぶつ》を称《とな》える。
権八《ごんぱち》、地面に座《すわ》らせられる。
刀を持った処刑人《しょけいにん》が権八《ごんぱち》に近づいていく。

野次馬の罵声《ばせい》がいっそう大きくなる。

アサ　「南無阿弥陀仏《なむあみだぶつ》……南無阿弥陀仏《なむあみだぶつ》……」

唯円　「(目を閉じて)南無阿弥陀仏《なむあみだぶつ》、南無阿弥陀仏《なむあみだぶつ》、南無阿弥陀仏《なむあみだぶつ》……」

壮賢　「南無阿弥陀仏《なむあみだぶつ》、南無阿弥陀仏《なむあみだぶつ》……」

権八《ごんぱち》、唯円《ゆいねん》たちをじっと見つめる。

次の瞬間《しゅんかん》、野次馬の声が不意に止《や》み、権八《ごんぱち》には唯円《ゆいねん》、慧信房《えしんぼう》、壮賢《そうけん》、アサの念仏《ねんぶつ》だけが聞こえている。

権八《ごんぱち》、一瞬《いっしゅん》、穏《おだ》やかな表情になる。

権八　「南無阿弥陀仏《なむあみだぶつ》……」

処刑人《しょけいにん》、刀をゆっくり抜《ぬ》く。

権八　「南無阿弥陀仏《なむあみだぶつ》……」

刀を振《ふ》り下《お》ろし、権八《ごんぱち》を殺す処刑人《しょけいにん》。

歓声《かんせい》を上げる野次馬。アサをからかった町人A・Bも飛び上がって喜んでいる。

崩《くず》れ落《お》ちるアサを唯円《ゆいねん》が支える。

壮賢「（悔《くや》し涙《なみだ》を浮《う》かべて）ちくしょう。何で、こんなことに……」

喜ぶ野次馬たちの嬌声《きょうせい》が聞こえる。

105　十字路のある道

唯円《ゆいねん》、慧信房《えしんぼう》、壮賢《そうけん》、アサ、歩いている。

壮賢「……慧信房《えしんぼう》さま。権八《ごんぱち》は救われたんでしょうか」

慧信房「それは誰《だれ》にも分からん。阿弥陀仏《あみだぶつ》の救いは、一念《いちねん》の瞬間《しゅんかん》だからな」

一同「……」

唯円《ゆいねん》、立ち止まる。

慧信房　「どうした、唯円《ゆいねん》？」
唯円　「……すみません。先に帰っていてください」
唯円《ゆいねん》、十字路を折れ、一人別の道へ歩いていく。
無言で見送る慧信房《えしんぼう》。

106 賀茂川沿いの道

唯円《ゆいねん》、町の人々の生活を横目で見ながら歩いていく。
酔《よ》っ払《ぱら》った亭主《ていしゅ》を口汚《くちぎたな》く罵《ののし》っている女。
美しい遊女たちを侍《はべ》らせて歩く中年の男。
泣《な》き叫《さけ》ぶ赤子を背に、物乞《ものご》いする女。
魚をつかみ取りし、大喜びしている少年たち。

107 賀茂川のほとり（夕）

唯円《ゆいねん》、悄然《しょうぜん》と川面《かわも》を見つめている。
川面《かわも》に映った唯円《ゆいねん》の影《かげ》が揺《ゆ》れている。

唯　円「……」
そこへ親鸞聖人《しんらんしょうにん》がやってこられる。
親鸞聖人「川の中に面白《おもしろ》いものでも見つけたか」
唯　円「（気づいて）聖人《しょうにん》さま……」
親鸞聖人「唯円《ゆいねん》。少しそこに座《すわ》ろうか」
唯　円「……はい」
親鸞聖人《しんらんしょうにん》と唯円《ゆいねん》、岩の上に腰《こし》を下ろされる。
親鸞聖人「風が気持ちいいな」
唯　円「……はい」

親鸞聖人「慧信房《えしんぼう》から聞いたよ。権八《ごんぱち》のこと」

唯円「……」

親鸞聖人「さぞかしつらかったろう」

唯円「昨晩、権八《ごんぱち》に会って、阿弥陀仏《あみだぶつ》の本願《ほんがん》の話をしました。救いに条件はない。おまえのような恐《おそ》ろしい罪を犯《おか》した者でも、救っていただけるのだよ、と」

親鸞聖人「うむ」

唯円「権八《ごんぱち》は最期《さいご》に、念仏《ねんぶつ》を称《とな》えていました。もしかしたら救われたのかもしれない。いえ、救われてほしいと思いました。でも……、権八《ごんぱち》の処刑《しょけい》を喜ぶ人々を見て、分からなくなってしまったのです。人を殺《あや》めた者でも、本当に救われるのでしょうか」

親鸞聖人「そなたも聞いているように、仏教では〝殺すより　劣《おと》らぬものは　思う罪〟といわれる。

体で造る罪よりも心で思う罪は一番重いのだ。心の中で『あいつはキライ、死んでくれたら』と思った瞬間《しゅんかん》に、権八《ごんぱち》と同じように相手を殺しているのだ。腹が立てば親でも子でも心で殺す。心で殺さない者など一人もいない。人を殺《あや》めた者が救われないなら、全ての人は救われないことになるではないか」

唯円　「え……？」

親鸞聖人　「唯円《ゆいねん》。よくよく知らねばならぬのは、体や口も問題だが、最も恐《おそ》ろしいのは心の悪なのだよ」

唯円　「……前にお教えいただいた、心の悪人のことでしょうか」

親鸞聖人　「うむ。体や口を動かすのは、心なのだ」

唯円　「……はい」

親鸞聖人「だから全ての人は、権八《ごんぱち》と同じ殺人者だ。これが本当の人間の姿なのだ。人間はみな、救いようのない極悪人《ごくあくにん》なのだよ」

唯円「……極悪人《ごくあくにん》ですか」

親鸞聖人「そうだよ。私も、そなたも、極悪人《ごくあくにん》だ。阿弥陀仏《あみだぶつ》は、そんな極悪人《ごくあくにん》を、この世で絶対の幸福に救ってくださり、死ねば浄土《じょうど》に生まれさせてくださる。この、二度ある阿弥陀仏《あみだぶつ》の救いを、しっかりとお伝えしなければならないぞ」

唯円「……はい……」

108 京の風景（夜）

賀茂川《かもがわ》を静かに眺《なが》める親鸞聖人《しんらんしょうにん》と唯円《ゆいねん》。

川面《かわも》が夕陽《ゆうひ》を反射し、光《ひか》り輝《かがや》いている。

季節はめぐり、秋。木々が紅葉《こうよう》している。
夜空に美しい満月が浮《う》かんでいる。

109 親鸞聖人の館・庭（夜）

唯円《ゆいねん》、歩いている。
物音に気づいて足を止め、池に近づく。
池の前で慧信房《えしんぼう》が諸肌《もろはだ》を脱《ぬ》ぎ、髪《かみ》をほどいている。

唯　円「（狼狽《ろうばい》）慧信房《えしんぼう》さま……!?」
慧信房「唯円《ゆいねん》か。ちょうどいいところに来た」
唯　円「え……？」
慧信房《えしんぼう》、包丁を見せて微笑《びしょう》する。

×　×　×

唯円《ゆいねん》、慧信房《えしんぼう》の髪《かみ》に包丁を当てる。

唯　円　「本当にいいんですか」

慧信房　「ああ。思いきりやってくれ」

唯円《ゆいねん》、慧信房《えしんぼう》の髪《かみ》を切る。

慧信房　「もっと」

唯円《ゆいねん》、さらに切る。

慧信房　「もっとだ！」

唯円《ゆいねん》、さらに切る。

慧信房　「もっとだ。遠慮《えんりょ》はいらんぞ」

唯　円　「あ、はい……」

唯円《ゆいねん》、切る。

慧信房《えしんぼう》、庭の池をのぞき込《こ》み、髪《かみ》が短くなった顔を映して見る。

慧信房　「うむ。悪くないな」

唯円　「どうして髪《かみ》を切ろうと……？」

慧信房　「ただの気晴らしだ」

唯円　「（微苦笑《びくしょう》）……慧信房《えしんぼう》さまらしいですね」

慧信房　「……唯円《ゆいねん》。私は、明日《あす》からしばらく、ここを離《はな》れるよ」

唯円　「え？」

慧信房　「田舎《いなか》にやり残したことがあってな。もう聖人《しょうにん》さまにはお話しして、認めていただいている」

唯円　「やり残したこと、というのは……？」

慧信房　「ようやく自分の過去と向き合う覚悟《かくご》ができたのだ。おまえと壮賢《そうけん》のおかげかもしれんな」

唯円　「……そうですか。寂《さび》しくなりますね」

慧信房《えしんぼう》、唯円《ゆいねん》の頭をなでて、

慧信房　「用が済んだら、戻《もど》ってくるよ」

唯円　「(うつむいて)……」

慧信房《えしんぼう》、おもむろに短歌を詠《よ》む。

慧信房　「悲しむな　その闇《やみ》破る　光あり　歎《なげ》きの里は　随喜《ずいき》の園に」

唯円《ゆいねん》、顔を上げる。

慧信房　「離《はな》れていても、私たちは、同じ道を歩む同志だ」

唯円　「……はい」

慧信房　「アサを大切にしてやれよ」

唯円　「え……？」

慧信房「惚《ほ》れているんだろう？」

唯円「(慌《あわ》てて) いや、別に、そんな私は……」

慧信房《えしんぼう》、唯円《ゆいねん》を見て、楽しそうに笑う。

唯円《ゆいねん》も慧信房《えしんぼう》につられて笑う。

月明かりの下で笑い合う二人。

110 親鸞聖人の館・表（翌朝）

荷物を持った慧信房《えしんぼう》、歩いていく。

見送りをする唯円《ゆいねん》、壮賢《そうけん》、燈念《とうねん》、アサ。

壮賢「慧信房《えしんぼう》さま！　道中お気をつけて！」

唯円「お気をつけて！」

慧信房《えしんぼう》、去っていく。

111 親鸞聖人の館・庭

唯円《ゆいねん》、縁側《えんがわ》に座《すわ》って慧信房《えしんぼう》の散髪《さんぱつ》をした池を眺《なが》めている。

と、そこへ蓮位房《れんにぼう》が来て、隣《となり》に腰掛《こしか》ける。

唯円「蓮位房《れんにぼう》さま……」

蓮位房「あの男は、名のある家の生まれでな。跡目《あとめ》争《あらそ》いに巻《ま》き込《こ》まれていた。慧《え》信房《しんぼう》は身を引いて、弟に全て譲《ゆず》るつもりだった。ところが、その弟が自ら命を絶ってしまった。遊女と心中したんだ」

唯円「……！」

蓮位房「慧《え》信房《しんぼう》は、その女と別れるように弟に迫《せま》っていた。名家の跡継《あとつ》ぎの妻にはふさわしくないと思ったのだろう。弟にきつい言葉を投げかけたこともあったそうだ……」

唯円「あの慧《え》信房《しんぼう》さまが、きつい言葉を……？」

蓮位房「ああ。慧信房《えしんぼう》は弟を死に追いやってしまった罪の意識から逃《のが》れられず、ずっと苦しんでいたんだよ」

唯円「知りませんでした。慧信房《えしんぼう》さまのこと、何も……」

112 賀茂川沿いの道（夜）

唯円《ゆいねん》とアサ、歩いている。

アサ「そう。慧信房《えしんぼう》さまに、そんなつらい過去が……」

唯円「人は誰《だれ》でも悩《なや》みや苦しみを抱《かか》えて生きているんだな。慧信房《えしんぼう》さまのような立派な方でも……」

唯円《ゆいねん》とアサ、立ち止まる。

夜空に美しい月が浮《う》かんでいる。

アサ「……きれいね」

唯円　「……ああ」

唯円《ゆいねん》とアサ、月を見上げている。

唯円　「アサ。ずっと、そばにいてくれないか」

アサ　「え……」

唯円《ゆいねん》が何を言ったか、すぐには悟《さと》れない表情のアサ。

唯円　「おまえと一緒《いっしょ》に、真如《しんにょ》の月を仰《あお》ぎ見《み》たいんだ。共に生きて、共に浄土《じょうど》へ進もう」

アサ　「（赤面していくアサ）……はい」

月がこうこうと輝《かがや》いている。

113 唯円の部屋（※冒頭と同じ時代）

年老いたアサ、お茶を持ってくる。

アサ　「どうぞ」

唯円　「ありがとう、アサ」

　　アサ、机の原稿《げんこう》を見て、

アサ　「また、聖人《しょうにん》さまの教えについて、書かれているのですか」

唯円　「ああ。親鸞聖人《しんらんしょうにん》の教えを間違《まちが》って伝えている者が後を絶たないからな。

歎《なげ》かわしいことだ……」

アサ　「本当に……。聖人《しょうにん》さまがお聞きになったら……」

唯円　「だからだよ。このままでは親鸞《しんらん》さまに会わせる顔がないからな……」

アサ　「誠《まこと》にそうでございますね」

唯円　「ん……」

　　唯円《ゆいねん》、あごに手を当て、親鸞聖人《しんらんしょうにん》との会話に思いをはせる。

114 賀茂川のほとり（回想）

親鸞聖人《しんらんしょうにん》（88歳）と中年の唯円《ゆいねん》、岩に腰掛《こしか》けられている。

唯円「教えてください、聖人《しょうにん》さま」

親鸞聖人「何かなぁ、唯円房《ゆいねんぼう》」

唯円「私は念仏称《ねんぶつとな》えても、天に踊《おど》り地に踊《おど》るような喜びが起きません。また、早く浄土《じょうど》へ往《い》きたい心もわかないのです。これは、いったいどうしてなのでしょうか」

親鸞聖人「おぉ、唯円房《ゆいねんぼう》、そなたもか。実は、親鸞《しんらん》も同じことを思っていたのじゃ」

唯円「えっ。聖人《しょうにん》さまも……」

親鸞聖人「ん……よくよく知らされることはなぁ、あらゆる仏から見捨てられた極《ごく》悪人《あくにん》が、阿弥陀仏《あみだぶつ》の不思議なお力で救われ、この世一番の幸せ者になったのだ。飛び上がるような歓《よろこ》びが起きて当然なのじゃ。それなのに一向に喜べないのは、まさしく、煩悩《ぼんのう》の仕業《しわざ》なのだよ」

唯　円　「……煩悩《ぼんのう》でございますか」

親鸞聖人　「そうだよ、だから阿弥陀仏《あみだぶつ》はなぁ、とうの昔に、全ての人間は煩悩《ぼんのう》の塊《かたまり》であると見抜《みぬ》かれたうえで、そんな者を『必ず、救う』と約束されているのだ。

ならば、喜ばない心が知らされるほど、阿弥陀仏《あみだぶつ》のお約束はこんな煩悩《ぼんのう》の塊《かたまり》である我らのための本願《ほんがん》だったと、ますます頼《たの》もしく、うれしく思わずにはおれないのだ」

唯　円　「……仰《おお》せのとおりでございます」

親鸞聖人　「またのう、唯円房《ゆいねんぼう》。少しでも病が長引くと、死ぬのではなかろうかと、心細く思えてくる。これも悲しい煩悩《ぼんのう》の仕業《しわざ》なのだよ。遠い過去から迷い苦しんで来たのに、この世がふるさとのように捨てがたく、旅立つ浄《じょう》土《ど》が少しも恋《こい》しく思えないのも、まことに煩悩《ぼんのう》の激しさゆえのこと……」

唯円　「……はい」

親鸞聖人　「だがのう、どんなに名残惜《なごりお》しく思うても、この世の縁《えにし》が尽《つ》きれば、何のためらいがあろう。阿弥陀仏《あみだぶつ》の浄土《じょうど》へ往《ゆ》くのは明らかだ。さらさら浄土《じょうど》へ往《ゆ》きたい心のない者こそ、阿弥陀仏《あみだぶつ》は温かく迎《むか》えてくだされるのだよ」

唯円　「もったいないことでございます、聖人《しょうにん》さま」

親鸞聖人　「そう思うと、阿弥陀仏《あみだぶつ》の本願《ほんがん》は、ただただ『悪人親鸞《しんらん》のためだった』と、喜ばずにおれないのだ。もし天に踊《おど》り地に躍《おど》る心があふれ、急いで浄土《じょうど》へ参りたき心が起こるなら、煩悩《ぼんのう》がなくなったのではなかろうかと、かえって、不審《ふしん》に思われるではないか、唯円《ゆいねん》」

親鸞聖人《しんらんしょうにん》、優《やさ》しく微笑《びしょう》される。

115　唯円の部屋（※冒頭と同じ時代）

唯　円「あの時、聖人《しょうにん》さまが仰《おっしゃ》ったことが、日増しに身に沁《し》みてくるようだ……」

アサ「はい……」

アサ、微笑《びしょう》をたたえて会釈《えしゃく》し、下がる。
唯円《ゆいねん》、かつて親鸞聖人《しんらんしょうにん》から授《さず》けられたご本尊《ほんぞん》を取り出す。
紙は時を経て傷《いた》んでいるが、親鸞聖人《しんらんしょうにん》が書かれた「南無阿弥陀仏《なむあみだぶつ》」の文字は
ハッキリと残っている。
唯円《ゆいねん》、目を閉じる。

×　×　×

稲田草庵《いなだそうあん》の親鸞聖人《しんらんしょうにん》のお部屋《へや》。

書物を開きながら、楽しそうにお話をされる親鸞聖人《しんらんしょうにん》と少年・平次郎《へいじろう》。

親鸞聖人《しんらんしょうにん》の穏《おだ》やかな笑顔《えがお》。

×　×　×

唯円《ゆいねん》、目を開き、『歎異抄《たんにしょう》』九章を書き始める。

字幕

116 エンドクレジット

「親鸞聖人《しんらんしょうにん》の没後《ぼつご》、鎌倉《かまくら》時代後期に書かれたという『歎異抄《たんにしょう》』。

その作者は、親鸞聖人《しんらんしょうにん》のお弟子・唯円房《ゆいねんぼう》だといわれている。

異なるを歎《なげ》く。その言葉のとおり、親鸞聖人《しんらんしょうにん》の教えが正しく伝わることを願って書かれた『歎異抄《たんにしょう》』は、哲学者《てつがくしゃ》・思想家・文学者をはじめ、今も多くの人々に読《よ》み継《つ》がれている」　（了）

第3部

『歎異抄』が誕生するまで

『歎異抄《たんにしょう》』は、衝撃的《しょうげきてき》な発言の羅列《られつ》で、読む者を捉《とら》えて離《はな》さない。そんな言葉を残した親鸞聖人《しんらんしょうにん》とは、一体、どんな方だったのか。その人物像から、なぜ『歎異抄《たんにしょう》』が生まれたのか、背景を探《さぐ》りたい。

1 なぜ、親鸞聖人は、九歳で出家されたのか

インドでゴータマ・ブッダ（釈迦《しゃか》）の開いた仏教は、人種や言語を超《こ》え、世界中に伝わっている。国によって受け入れ方が異なるので、それぞれ特徴《とくちょう》があるが、日本仏教の最大の特質は、僧侶《そうりょ》の結婚《けっこん》が当たり前になっていることである。ブッダの定めた戒律《かいりつ》では、男僧《だんそう》は女人《にょにん》との交わりを禁じられ、犯《おか》せば教団から追放される重罪だった。中国や韓国《かんこく》、東南アジアの仏教国では、今もそれが常識である。

わが国でも親鸞聖人《しんらんしょうにん》までは、僧侶《そうりょ》の結婚《けっこん》など論外だった。だが八百年前、親鸞聖《しんらんしょう》人《にん》は公然と妻帯《さいたい》された。そのために仏法《ぶっぽう》を破壊《はかい》する堕落坊主《だらくぼうず》として、集中砲火《しゅうちゅうほうか》を浴びたことは言をまたない。かくて僧侶《そうりょ》の結婚《けっこん》を認める仏教が、親鸞聖人《しんらんしょうにん》の浄土真宗《じょうどしんしゅう》

から始まった。それは室町時代、蓮如上人《れんにょしょうにん》の活躍《かつやく》により日本最大の宗派となる。結局、他の宗派も全《すべ》て僧職《そうしょく》の婚姻《こんいん》を認め、住職が子に寺を継《つ》がせるのが普通《ふつう》になった。一国の仏教に、これだけの影響《えいきょう》を与《あた》えた改革者は、世界に例がない。比類なき衝撃《しょうげき》で歴史に名を刻む親鸞聖人《しんらんしょうにん》だが、その生涯《しょうがい》は、生《お》い立《た》ちから家族構成に至るまで、確実に分かることは、なきに等しい。それは第一に、聖人《しょうにん》が個人的なことを全く記されなかったからである。

親鸞聖人《しんらんしょうにん》は主著『教行信証《きょうぎょうしんしょう》』の後書きに、三十三歳の時、恩師・法然上人《ほうねんしょうにん》の主著『選択本願念仏集《せんじゃくほんがんねんぶつしゅう》』の書写を許された感激と、三十五歳で権力者の不当な弾圧《だんあつ》に遭《あ》い、流刑《るけい》に処せられた憤《いきどお》りを記されているが、他に自己を語られた文章はない。親《しん》鸞聖人《らんしょうにん》がプライベートを排《はい》し、純粋《じゅんすい》にブッダの「教え」だけを伝えたのは、確固たる信念のもとになされたことのようである。周囲の弟子《でし》たちも、それを熟知していたから、聖人《しょうにん》の私生活は書き残さなかった。

聖人《しょうにん》の御一生《ごいっしょう》を知る史料は、曽孫《ひまご》の覚如上人《かくにょしょうにん》が著《あらわ》した簡略な伝記『御伝鈔《ごでんしょう》』と、内室・恵信尼公《えしんにこう》のわずかな手紙だけといってよい。親鸞聖人《しんらんしょうにん》は、当時としては異例の、九十歳まで長生きされた方だが、その経歴は、いくつかの点が分かるだけで、その点をどんな線で結び、肉付けするかは、推測するしかない。

そんな謎《なぞ》に包まれた親鸞聖人《しんらんしょうにん》に、おびただしい数の人が引きつけられてきた。日本では、最も多くの本で触《ふ》れられた人物とさえいわれる。聖人《しょうにん》の波瀾万丈《はらんばんじょう》の生涯《しょうがい》もさることながら、書き記された「教え」の光彩《こうさい》が、人々の胸を打つのだろう。

親鸞聖人《しんらんしょうにん》にまつわる歴史的事実については、今日《こんにち》なお議論が絶えないので、以下は一つの説であることを前提のうえで、聖人《しょうにん》の略歴を述べたい。

親鸞聖人《しんらんしょうにん》は、平安時代が終わろうとする承安《しょうあん》三年（一一七三）の春、京都に生を受けられた。当時は、貴族に生まれた者が自動的に官僚《かんりょう》になって国を治めていたが、武士が腕《うで》ずくで権力を奪《うば》い始《はじ》め、かつてない政権交代が起きようとしていた。

親鸞聖人《しんらんしょうにん》の父君は藤原有範《ふじわらのありのり》、母君は吉光御前《きっこうごぜん》といわれた。しかし四歳で父が、四年後には母も帰らぬ人となったと伝えられる。

親鸞聖人《しんらんしょうにん》は、今度死ぬのは自分の番だと驚《おどろ》かれた。この世が終わったら、どこへ旅立つのか。後生《ごしょう》（来世）は有るのか、無いのか、どうなっているのやら、さっぱり分からない。未来は真っ暗がりだった。

生きとし生けるものは皆《みな》、死を恐《おそ》れ、少しでも生き延びようと一生懸命《いっしょうけんめい》である。平均寿命《へいきんじゅみょう》が飛躍的《ひやくてき》に延びた今日《こんにち》も、人類は臓器移植や遺伝子操作など、あらゆる手段で命を延ばそうとしている。だが、どれだけ医学が進歩しても、死を逃《のが》れることはできない。

やがて必ず、死なねばならないのに、なぜ生きるのか。二千年前、この大問題に取り組み、解答を見出《みいだ》した人こそ、ゴータマ・ブッダであった。

この生死《しょうじ》の一大事《いちだいじ》の解決を求めた親鸞聖人《しんらんしょうにん》は、九歳の時、出家してブッダの教法《きょうぼう》を求める決意をされる。

2

なぜ、釈迦は、王位を捨て修行者になったのか

ここで、「仏教」という言葉の意味を確認しておく。「仏教」とは「仏の説かれた教え」ということで、「仏」とは、ブッダに漢字を当てた「仏陀《ぶっだ》」の略である。

仏教が誕生した紀元前五世紀のインドは、例外的なほど自由が保障されていて、諸国王が開いた哲人《てつじん》の討論会では、いかなる意見を述べても処罰《しょばつ》されることはなかった。マックス・ウェーバーは、およそ人類の歴史を通じて、この時代のインドほど思想の自由が容認されていた所は、最近代のヨーロッパ以外なかったと評している。

当時の身分制度では、伝統宗教であるバラモン教の聖職者がトップとされていた

が、商工業の発達によって富を貯《たくわ》えた王族・商人が力をつけ、バラモン教の権威《けんい》に陰《かげ》りが差していた。

　バラモン教を否定する思想家が多数現れ、道徳否定論から唯物論《ゆいぶつろん》、快楽主義、懐疑論《かいぎろん》、苦行主義《くぎょうしゅぎ》など、あらゆる人生論が登場した。それなりに影響《えいきょう》を与《あた》えた思想もあったはずだが、今日《こんにち》まで続いているジャイナ教を除いて、跡形《あとかた》もない。

　その中ただ一人、二千五百年にわたって、世界の尊敬を集めてきたのが、ゴータマ・シッダールタである。後《のち》に「ブッダ」と呼ばれるシッダールタは、カピラヴァストゥという都を支配していた、釈迦族《しゃかぞく》のスッドータナ王の長男として生まれた（「釈迦《しゃか》」は種族の名。「ゴータマ」は姓《せい》）。

　王族として何不自由のない暮らしをしていたが、幼少より思慮深《しりょぶか》かったシッダールタは、気晴らしに城を出た時、道ばたで杖《つえ》をつき、よろめきながら歩く老人を見て驚《おどろ》く。今は若くても、やがて醜《みにく》くやせ衰《おとろ》え、邪魔者扱《じゃまものあつか》いされる時が来る。自分も老いる身でありながら、それを忘れ、老人を嫌《きら》うとは、何とおかしな話か。その矛盾《むじゅん》に気づいた王子に、青春の喜びはなかった。

しばらくして別の日に、苦痛に顔をゆがめて苦しむ病人の姿を見て、健康も一時の幸せに過ぎないことを知る。それから日が経《た》ち、葬式《そうしき》のさなか、ぴくりとも動かぬ遺体を目撃《もくげき》した時、やがて必ず死なねばならぬのに、なぜ生きるのか、人生の目的を真剣《しんけん》に考えるようになった。

悶々《もんもん》と過ごすシッダールタだったが、ある日、城の前を歩く沙門《しゃもん》（修行者《しゅぎょうじゃ》）のすがすがしい姿を見て、老いと病と死を超《こ》えた、本当の幸福を求めることこそ、進むべき道と知らされたという。

シッダールタは、王の地位が約束され、あらゆる快楽に囲まれていたが、城の生活に真の満足はなかった。十九歳（十六歳という説も）で結婚《けっこん》し、子供も生まれたが、これで城を出るのが一層、難しくなってしまったと嘆《なげ》き、ラーゴーラ（束縛《そくばく》する者）と名づけている。

どんな幸福も、老いと病と死によって崩《くず》される。真の安心は、城の外に探すしかないと決断したシッダールタ太子は、二十九歳の二月八日、世俗《せぞく》の生活を捨て、修《しゅ》行者《ぎょうじゃ》となったのである。

それから六年間、シッダールタは、それまで誰《だれ》もしたことのない激しい苦行《くぎょう》に打《う》ち込《こ》んだ。断食《だんじき》で骨と皮だけになり、あまりにも衰弱《すいじゃく》したために、シッダールタは亡《な》くなったと報じられることが、幾度《いくど》もあった。

そこまで徹底的《てっていてき》に肉体を苦しめたシッダールタは、いくら苦行《くぎょう》に励《はげ》んでも、意識がもうろうとするだけで、正しい智慧《ちえ》は得られないことを、身をもって知らされた。贅沢《ぜいたく》な暮らしで快楽を極《きわ》めることも、心身を痛めつける苦行《くぎょう》も、どちらも偏《かたよ》った生活である。両極端《りょうきょくたん》を離《はな》れなければならないと、実地に学んだシッダールタは、菩提《ぼだい》樹《じゅ》の下《もと》に座《すわ》り、覚《さと》りを開くまで決してここを立たぬと悲壮《ひそう》な覚悟《かくご》をして、ひたすら精神を集中させた。

座禅瞑想《ざぜんめいそう》の末、三十五歳の十二月八日、宇宙の理法（ダルマ）を覚《さと》ると同時に、太陽が天空に輝《かがや》くがごとく、一切《いっさい》の迷いと疑いが晴《は》れわたった。かくてブッダ（「覚《さと》った者」という意味）となったゴータマ・シッダールタが、八十歳の二月十五日に亡《な》くなるまで、自ら覚《さと》った不変の真理を説かれたのが、「仏教」である。

3
なぜ、仏教には、多くの宗派があるのか

九歳の春、親鸞聖人《しんらんしょうにん》は青蓮院《しょうれんいん》（京都市東山区粟田口《あわたぐち》）で出家し、天台宗《てんだいしゅう》の僧侶《そうりょ》となられた。仏教は今日《こんにち》、天台宗《てんだいしゅう》や真言宗《しんごんしゅう》、禅宗《ぜんしゅう》など、いくつもの宗派に分かれている。その理由を知るには、ブッダの教説が伝わった歴史をひもとかなければならない。

ブッダの説かれたことは、自身の覚《さと》ったダルマ（真理、理法）以外になかった。ダルマは中国で「法」と訳されている。この「法」は決して、ブッダ個人が新たに考え出したものではない。ブッダが発見する前から存在していた、古今東西、変わらぬ真理である。

ゴータマ・ブッダは常に、自分は少しも特別な存在ではなく、法（真実）に目覚めた者は、誰《だれ》でもブッダになれると強調し、迷いを脱《だっ》し永遠の幸福になる道を示された。大宇宙には、地球のような世界が無数にあるから、そこには数え切れないほどのブッダが現れていると説かれている。

仏典には多くの仏の名前が記されているが、よく知られているのは大日如来《だいにちにょらい》や薬師如来《やくしにょらい》、毘盧遮那如来《びるしゃなにょらい》などであろう。それらの仏を諸仏《しょぶつ》（諸々《もろもろ》の仏）という。なお「如来《にょらい》」とは、「真如《しんにょ》（普遍的《ふへんてき》な真理）を体得して現《あらわ》れ来《きた》る人」という意味

「親鸞聖人得度聖地」の石柱が建つ青蓮院（京都市東山区）

で、「ブッダ」の別名である。

「ブッダ」は「覚《さと》った者」という意味であり、大日如来《だいにちにょらい》も薬師如来《やくしにょらい》も皆《みな》、「ブッダ」であるから、それら諸仏《しょぶつ》と区別して、地球に現れた釈迦牟尼仏《しゃかむにぶつ》を指す時は、「歴史上のブッダ」という（「釈迦牟尼《しゃかむに》」は「釈迦族《しゃかぞく》の聖者」の意）。

ここで少し『歎異抄《たんにしょう》』に触《ふ》れておくと、第一章の冒頭《ぼうとう》に「弥陀《みだ》」と言われているのは、「阿弥陀仏《あみだぶつ》」という仏のことである。阿弥陀仏《あみだぶつ》は、諸仏《しょぶつ》の本師本仏《ほんしほんぶつ》（師匠《ししょう》）だと説かれている。釈迦《しゃか》をはじめ大宇宙の仏は皆《みな》、阿弥陀仏《あみだぶつ》のお弟子《でし》ということである。

弟子《でし》の伝えることは、師匠《ししょう》の正しい御心《みこころ》（本当に願っていること）以外にない。だから地球の釈迦《しゃか》はいうに及《およ》ばず、諸仏《しょぶつ》の教えていることは、阿弥陀仏《あみだぶつ》の本願《ほんがん》（お約束）ただ一つである。「本願《ほんがん》」を「誓願《せいがん》」ともいわれるので、『歎異抄《たんにしょう》』冒頭《ぼうとう》の「弥陀《みだ》の誓願《せいがん》」とは、「阿弥陀仏《あみだぶつ》の本願《ほんがん》」にほかならない。親鸞聖人《しんらんしょうにん》の膨大《ぼうだい》な著述も、また聖人《しょうにん》の肉声を記した『歎異抄《たんにしょう》』も、全《すべ》て「弥陀《みだ》の誓願《せいがん》」の解説である。

ゴータマ・ブッダは、ひたすら法（不変の真理）を伝えることに生涯《しょうがい》を捧《ささ》げ、弟《で》子《し》たちにも「法を受《う》け継《つ》ぐ者とならねばならぬ」と教戒《きょうかい》していた。いよいよ臨終が近づいた時も、嘆《なげ》き悲《かな》しむ弟子《でし》に対し、「私によって説かれ、教えられた教法《きょうほう》と戒《かい》律《りつ》とは、わが亡《な》きのちに、なんじらの師として存するであろう」と諭《さと》し、「他の人をよりどころとせず、法を島とし、法をよりどころとして、他のものをよりどころにしてはならぬ」と遺言《ゆいごん》されている。

だからブッダが入滅《にゅうめつ》すると、集結した弟子《でし》は、一代の教説を書き記す作業を開始した。それが「仏典」であり、「お経《きょう》」といわれるものである。七千余巻といわれるほど、おびただしい数の経典《きょうてん》が残されている。

ブッダが教えを説く時は、相手の悩《なや》みや理解に応じた話をされた。これを「対機《たいき》説法《せっぽう》」という。初歩的な道理から、だんだん深い教理へ進まれたのである。また、最初から真実を言っても、とても理解できないので、そこに近づけるための方便《ほうべん》（手段）の教えが、どうしても必要だった。どう例えれば、どんな面から話せば、真実の一端《いったん》なりと分からせることができるか。その苦労が、大部な経典《きょうてん》となったのである。

経典《きょうてん》は最初、古代インドのパーリ語で書かれ、後にサンスクリット語で書かれるようになった。それが紀元一世紀頃《ごろ》から、中国に伝えられ、翻訳《ほんやく》が始まる。数ある仏典が訳されると、同じブッダの教えが、どうしてこうも違《ちが》うのか、中国の仏教学者は戸惑《とまど》いを隠《かく》せなかった。

全《すべ》ての経《きょう》（一切経《いっさいきょう》）を体系的に整理して、ブッダの一番、説きたかったことを明らかにしなければならない。何が準備段階（方便《ほうべん》）で、何が最終目的（真実）か、仏典の研究が進められた結果、最も重視する経典《きょうてん》の違《ちが》いによって、宗派が分かれた。『華厳経《けごんぎょう》』を重視した杜順《とじゅん》は「華厳宗《けごんしゅう》」を、『法華経《ほけきょう》』こそ最高の経典《きょうてん》と考えた智顗《ちぎ》は「天台宗《てんだいしゅう》」を打ちたて、各宗派が独立していったのである。

それら中国仏教が日本に伝わったのは、五三八年とされる。まず六つの宗派（倶《く》舎宗《しゃしゅう》、成実宗《じょうじつしゅう》、律宗《りっしゅう》、法相宗《ほっそうしゅう》、三論宗《さんろんしゅう》、華厳宗《けごんしゅう》）が伝わり、奈良《なら》の大寺院で研究が進められた。

仏教が伝来した当初、権力者は、仏教には国を護《まも》る神秘的な力があると信じていた。奈良時代《ならじだい》に入って天平《てんぴょう》十三年（七四一）より、聖武天皇《しょうむてんのう》の命で、国家安定を祈《いの》る寺院（国分寺《こくぶんじ》）が国ごとに建てられた。それら国分寺《こくぶんじ》の頂点が、「総国分寺《そうこくぶんじ》」の別名を持つ、奈良《なら》の東大寺《とうだいじ》である。その東大寺《とうだいじ》に、日本中の銅を集めて、毘盧遮那如《びるしゃなにょ》来《らい》の大仏を建造したのは、戦乱や災害を仏法《ぶっぽう》の力で鎮《しず》めようとする、一大国家事業だった。

寺院と権力者の密接な結びつきは、日本仏教の特徴《とくちょう》であり、伝統である。だが朝《ちょう》廷《てい》によって過剰《かじょう》に保護された仏教界、とりわけ奈良《なら》の大寺院は腐敗《ふはい》し、改革が求められていた。

平安時代になると、桓武天皇《かんむてんのう》は都を京都の平安京に移したが、仏教界の革新を図《はか》って、奈良《なら》の寺院は置き去りにする。そして奈良《なら》に対抗《たいこう》する新しい仏教を興《おこ》すために、最澄《さいちょう》や空海《くうかい》ら留学僧《りゅうがくそう》を中国に派遣《はけん》した。

帰国した最澄《さいちょう》は、比叡山延暦寺《ひえいざんえんりゃくじ》で「天台宗《てんだいしゅう》」を広め、密教を習得してきた空海《くうかい》は、高野山《こうやさん》（和歌山県）で「真言宗《しんごんしゅう》」を開いた。これで日本の仏教宗派は八つになったが、いずれも天皇《てんのう》の承認を得た、国が認定した仏教である。

これら八宗《はっしゅう》の僧《そう》になることは、国の安泰《あんたい》を祈《いの》る儀式《ぎしき》をするなど、国家のために働く職員になることを意味する。それは今日《こんにち》でいう国家公務員であり、エリート階級だったから、出世のために頭を丸める者も多かった。

当時の貴族が僧《そう》に求めたのは、加持祈祷《かじきとう》（神仏に現世利益《げんぜりやく》を祈《いの》る儀式《ぎしき》）によって、出世や病気治しなど、個人的な願望をかなえることだった。天台《てんだい》・真言《しんごん》の二宗《にしゅう》は、その要求に応《こた》えることによって貴族から財や土地の寄進《きしん》を受け、圧倒的《あっとうてき》な勢力を持つようになる。もはや仏教は、貴族の欲を満たす呪術《じゅじゅつ》に成り下がっていた。

4 親鸞聖人は、比叡山で、どんな修行をされたのか

親鸞聖人《しんらんしょうにん》が仏道修行《ぶつどうしゅぎょう》をされた比叡山《ひえいざん》は、滋賀県《しがけん》と京都府の境に展開する山々である。山内に点在する多くの堂塔《どうとう》を総称《そうしょう》して「延暦寺《えんりゃくじ》」という。この比叡山《ひえいざん》が、当時の仏教の中心地だった。

そこは「女人禁制《にょにんきんぜい》」がしかれ、男僧《だんそう》が静寂《せいじゃく》な環境《かんきょう》で修道《しゅうどう》する場とされた。山での生活は厳しく、今日《こんにち》でも「千日回峰行《せんにちかいほうぎょう》」という難行《なんぎょう》が残っている。十二年間は比叡《ひえい》山《ざん》にこもり、うち七年間は明けても暮れても、峰《みね》から峰《みね》を歩き続ける苦行《くぎょう》である。

真夜中の零時《れいじ》前に起き、拠点《きょてん》である無動寺谷《むどうじだに》を出発して、山上山下《さんじょうさんげ》の行者道《ぎょうじゃみち》を三十キロ歩く。この間、堂塔《どうとう》伽藍《がらん》や山王七社《さんのうしちしゃ》、霊石霊水《れいせきれいすい》など約三百カ所で所定の修行《しゅぎょう》

をする。始めの三年間は毎年百日、次の二年間は二百日、その翌年は百日、最後は二百日間、休まず修行《しゅぎょう》しなければならない。千日で歩く距離《きょり》は四万キロに達し、地球一周に相当するという。

もちろん雨、風、雪、病気になっても、やめることはできない。もし途中《とちゅう》で挫折《ざせつ》した時は、持参の短刀で自害するのが山の掟《おきて》になっている。江戸時代《えどじだい》には、多くの行者《ぎょうじゃ》が自害した。

回峰行《かいほうぎょう》五年めには九日間、無動寺谷《むどうじだに》の明王堂《みょうおうどう》にこもって断食断水《だんじきだんすい》、不眠不臥《ふみんふが》という「堂入《どうい》り」がある。命を落としてもおかしくない、生死の境を切《き》り抜《ぬ》ける荒行《あらぎょう》だ。

親鸞聖人《しんらんしょうにん》は比叡《ひえい》の山で、千日回峰行《せんにちかいほうぎょう》とも比較《ひかく》にならぬ、血みどろの修行《しゅぎょう》に身を投じられた。

5

煩悩を退治して、覚りを開くことができるのか

「仏教」と聞くと、座禅《ざぜん》を組んだり、滝《たき》に打たれたりという「修行《しゅぎょう》」を思《おも》い浮《う》かべる人が多い。ここで仏道修行《ぶつどうしゅぎょう》の目的を明らかにするために、釈迦《しゃか》の教えの基礎《きそ》を述べる。

覚《さと》りを開いた釈迦《しゃか》が最初に説いたのは、「苦《く》・集《じゅう》・滅《めつ》・道《どう》」の四つの真理だった。第一の真理は、「人生は苦なり」という実態である。「苦」とは、「思いどおりにならない」ということである。自分が望むような人間に生まれてきた者などいないし、いつまでも若く健康でありたいと思っても、老いと病は避《さ》けられない。最も嫌《いや》な死を免《まぬが》れることは、一〇〇パーセントできない。生まれてから死ぬまで、裏切られ、

奪《うば》われ、捨てられることの連続ではなかろうか。人生は障《さわ》りだらけで、苦悩《くのう》が絶えない。その現実を直視するのが、仏法《ぶっぽう》の出発点である。

では、その苦しみは、どこから起こるのか。その原因は「煩悩《ぼんのう》」だと説いたのが、二番めの「集《じゅう》」という真理である。

仏教では、我々を煩《わずら》わせ悩《なや》ませ、罪を造らせる心を「煩悩《ぼんのう》」という。一人が百八、持っていると教えられている。中でも、特に我々を苦しめる「貪欲《とんよく》」「瞋恚《しんい》」「愚《ぐ》痴《ち》」の三つを、「三毒《さんどく》の煩悩《ぼんのう》」という。

最初の「貪欲《とんよく》」とは、金が欲《ほ》しい、物が欲《ほ》しい、褒《ほ》められたい、認められたい、という欲の心である。無ければ無いで欲《ほ》しい、有れば有ったで、もっと欲《ほ》しい、もっと欲《ほ》しいと、限りなく広がる心である。

欲が妨《さまた》げられると出てくる怒《いか》りの心が、「瞋恚《しんい》」である。「あいつのせいで儲《もう》け損《そこ》なった」「こいつのせいで恥《はじ》かかされた」と、瞋恚《しんい》の炎《ほのお》が燃え上がると、周囲の一《いっ》切《さい》を焼《や》き払《はら》わずにはおかない。

次に「愚痴《ぐち》」とは、因果の道理が分からず、ねたんだりそねんだり、恨《うら》んだりする心をいう。

「まかぬタネは生えぬ。刈《か》り取《と》らねばならぬ一切《いっさい》のものは、自分のまいたものばかり」といわれるように、仏教では、自分の運命（幸・不幸）は全《すべ》て、自分の行為《こうい》が生み出したものだと教える。

ライバルが成功したのは、それだけ努力したからであり、自分に不幸が続くのは、自分の悪い行いの結果である。全《すべ》て自業自得《じごうじとく》なのだが、この道理が分からず、相手の才能や美貌《びぼう》、金や財産、名誉《めいよ》や地位をねたみ、そねみ、相手の不幸を喜ぶ醜《みにく》い心が「愚痴《ぐち》」である。

釈迦《しゃか》は、我々が苦しむのは、心の中に煩悩《ぼんのう》の火が激しく燃えているからだと説いている。『歎異抄《たんにしょう》』第一章で「煩悩熾盛《ぼんのうしじょう》の衆生《しゅじょう》」といわれているのは、煩悩《ぼんのう》が燃《も》え盛《さか》っている、全《すべ》ての人間の姿である。

その煩悩《ぼんのう》の火が消滅《しょうめつ》した、安らかな世界を「涅槃《ねはん》」という。サンスクリット語で「吹《ふ》き消《け》す」という意味の「ニルバーナ」に漢字を当てた、「涅槃那《ねはんな》」の略である。もはや煩悩《ぼんのう》のために煩《わずら》わされることのない、絶対自由の静かな心だから「寂静《じゃくじょう》」ともいわれる。「涅槃寂静《ねはんじゃくじょう》」と呼ばれる、安らかな覚《さと》りの世界があると教えられたのが、第三の「滅《めつ》」という真理である。

では、どうすれば迷い苦しみ（生死《しょうじ》）を脱《だっ》して、不動の覚《さと》り（涅槃《ねはん》）が得られるのか。その方法を説く真理が「道《どう》」である。

仏道修行《ぶつどうしゅぎょう》をする究極の目的は、煩悩《ぼんのう》を退治して、覚《さと》りを開くことであり、この基本は全《すべ》ての宗派に共通している。だが、そのための修行《しゅぎょう》や学問は、経典《きょうてん》によって異なる。

親鸞聖人《しんらんしょうにん》が求められた天台宗《てんだいしゅう》は、『法華経《ほけきょう》』に説かれる修行《しゅぎょう》を、そのまま実行しようとする教えである。聖人《しょうにん》の比叡《ひえい》での日々は、まさに煩悩《ぼんのう》との格闘《かくとう》だった。だが抑《おさ》えても抑《おさ》えても、欲の心は減りもなくなりもしない。噴《ふ》き上《あ》がる怒《いか》りの炎《ほのお》を消すことはできず、とぐろを巻いている愚痴《ぐち》の心をどうすることもできなかった。

『歎異抄《たんにしょう》』第三章では、全《すべ》ての人間の実態を「煩悩具足《ぼんのうぐそく》の我ら」と言われている。「煩悩具足《ぼんのうぐそく》」とは、「煩悩《ぼんのう》で構成されている」ということで、我々は煩悩《ぼんのう》の塊《かたまり》だという意味である。

百八の煩悩《ぼんのう》でき上がった人間から、煩悩《ぼんのう》をなくしたら、「自分」というものはなくなってしまう。釈迦《しゃか》は、そんな無理な教えを説かれたのだろうか。親鸞聖人《しんらんしょうにん》の疑問は、深まるばかりだった。

6 なぜ、「親鸞こそ偽善者だ」と悲泣されたのか

僧侶《そうりょ》になる儀式《ぎしき》を「出家《しゅっけ》」というのは、それまでの俗世《ぞくせ》の生活を離《はな》れて、新たに仏道一筋《ぶつどうひとすじ》の人生を歩むからである。だが次第《しだい》に仏教界は世間と同化し、僧侶《そうりょ》としての位が、どこまで上がるかは、生まれた家柄《いえがら》で決まるようになってしまった。その結果、比叡山《ひえいざん》の要職は、有力な貴族の出身者に独占《どくせん》されていく。

大寺院に至っては、身勝手な要求を通そうと、朝廷《ちょうてい》を脅《おど》すために、武装した僧《そう》の一団（僧兵《そうへい》）まで組織した。かつて白河上皇《しらかわじょうこう》は、天下で自分の思いどおりにならぬものが三つあると言い、「賀茂川《かもがわ》の水」と「双六《すごろく》の賽《さい》」に加え、比叡山《ひえいざん》の僧兵《そうへい》（山《やま》法師《ほうし》）を挙げている。当時の大寺院は、天皇家をしのぐ、圧倒的《あっとうてき》な権力を持ってい

たのである。

比叡山《ひえいざん》には、東塔《とうどう》、西塔《さいとう》、横川《よかわ》（北塔《ほくとう》）と呼ばれる三つの地域があり、学問と修《しゅ》行《ぎょう》の施設《しせつ》のほとんどは、そこに集中していた。だが平安中期になると、強大な財力と武力を蓄《たくわ》えた比叡山《ひえいざん》では、地位をめぐる内輪もめが激化した。東塔《とうどう》は権力争いの場になり、西塔《さいとう》も似たり寄ったりであった。横川《よかわ》だけは、まだ仏道を求める雰囲気《ふんいき》が残っていたという。

親鸞聖人《しんらんしょうにん》は横川《よかわ》で、地位などには目もくれず、勉学と修行《しゅぎょう》に打《う》ち込《こ》まれた。だが、ちょうどその頃《ころ》、幾人《いくにん》もの平家の落ち武者が、源氏の追及《ついきゅう》を逃《のが》れるために、治外法権の比叡山《ひえいざん》に潜《ひそ》んでいた。彼《かれ》らは〝にわか坊主《ぼうず》〟となって、昼間こそ殊勝《しゅしょう》そうにしていたが、かつての酒池肉林が忘れられず、夜な夜な山を抜《ぬ》け出《だ》して遊女と戯《たわむ》れては、朝帰りをしていた。彼《かれ》らのあさましい姿を見るにつけ、親鸞聖人《しんらんしょうにん》は自分だけでも戒律《かいりつ》を守《まも》り抜《ぬ》こうと、なお厳しい修行《しゅぎょう》に打《う》ち込《こ》まれた。

だがその親鸞聖人《しんらんしょうにん》も、女性を忘れることはできなかった。「思ってはならない」と、抑《おさ》えれば抑《おさ》えるほど、ますます強い圧で噴《ふ》き上《あ》がる煩悩《ぼんのう》に、聖人《しょうにん》は泣かれた。

確かに親鸞聖人《しんらんしょうにん》は、異性に触《ふ》れることはなかったから、悪を「見ざる、聞かざる、言わざる」は完遂《かんすい》されていた。だが「思わざる」だけは、どうすることもできなかったのである。

仏教では、人間を心と口と体の三方面から評価するが、「体で何をしているか」「口で何を言っているか」よりも、「心で何を思っているか」を最も重視する。それは、体や口の行いは、全《すべ》て心の命令によるからである。心で思わないことを、体や口が勝手にするはずがない。

学校の運動部に所属する生徒に、顧問《こもん》の教師が、試合中に危険な反則行為《はんそくこうい》をするよう命じたとすれば、いちばん罪が重いのは、実行した生徒ではなく、命令した者だろう。

無垢《むく》な少年少女を、言葉巧《たく》みに操《あやつ》ったり、脅迫《きょうはく》したりして、自爆《じばく》テロを行わせる者もいる。そんなテロを計画し、実行犯を養成する者こそ、最も卑劣《ひれつ》な極悪人《ごくあくにん》である。

それと同様に、体が悪いことをしたならば、その責任は命じた心にある。だから仏教では、「殺《や》るよりも　劣《おと》らぬものは　思う罪」といわれて、実際に体で殺すより、「あいつ死んでくれたら」と心で殺す罪のほうが、もっと重いと教えられる。

体や口の言動を慎《つつし》み、善人を装《よそお》っていても、最も大事な「心」では、とても他人に言えない、恐《おそ》ろしいことを考えてはいないだろうか。心の動きを見つめた親鸞聖人《しんらんしょうにん》は、「ああ、何たることか。俺《おれ》は、体でこそ抱《だ》いてはいないが、心では抱《だ》き続けているではないか。それなのに、俺《おれ》ほど戒律《かいりつ》を守っている者はないと自惚《うぬぼ》れて、彼《かれ》らを見下している。醜《みにく》い心を抱《かか》えながら、うわべだけを取《と》り繕《つくろ》っているこの親鸞《しんらん》こそ、偽善者《ぎぜんしゃ》ではないか」と、悲泣《ひきゅう》なされたのである。

7 親鸞聖人は、なぜ、山を下りる決意をされたのか

九歳で仏門に入ってより二十年間、親鸞聖人《しんらんしょうにん》は血を吐《は》く難行苦行《なんぎょうくぎょう》に専心されたが、魂《たましい》の解決はできなかった。天台宗《てんだいしゅう》の教えに絶望し、山を下りる決意をされた時の苦《く》悩《のう》が、『歎徳文《たんどくもん》』という書に、こう記されている。

「定水《じょうすい》を凝《こ》らすと雖《いえど》も識浪《しきろう》頻《しき》りに動《うご》き、心月《しんげつ》を観《かん》ずと雖《いえど》も妄雲《もううん》猶《なお》覆《おお》う、而《しか》るに一息《いっそく》追《つ》がざれば千載《せんざい》に長《なが》く往《ゆ》く、何《なん》ぞ浮生《ふしょう》の交衆《こうしゅ》を貪《むさぼ》って徒《いたずら》に仮名《けみょう》の修学《しゅうがく》に疲《つか》れん、須《すべか》らく勢利《せいり》を抛《なげう》って直《ただち》に出離《しゅつり》をねがうべし」

静寂《せいじゃく》な夜、修行《しゅぎょう》に励《はげ》まれる親鸞聖人《しんらんしょうにん》が、比叡《ひえい》の山上から見下ろす琵琶湖《びわこ》は、鏡のようだった。

「ああ、あの湖水のように、私の心はなぜ静まらないのか。静めようとすればするほど散り乱れる」

思ってはならないことが、ふーっと思えてくる。考えてはならないことが、次から次と浮《う》かんでくる。どうしてこんなに、欲や怒《いか》りが逆巻くのか。自分の心でありながら、どうにもならない心に、親鸞聖人《しんらんしょうにん》は苦しまれた。涙《なみだ》に曇《くも》った眼《まなこ》を天上に移すと、月はこうこうと冴《さ》えている。

「どうして、あの月のように覚《さと》りの月が拝めないのか。次々と煩悩《ぼんのう》の群雲で、覚《さと》りの月を隠《かく》してしまう。こんな暗い心のままで、死んでいかねばならぬのか。このままでは地獄《じごく》だ。この一大事、どうしたら解決できるのか……」

親鸞聖人《しんらんしょうにん》は、いても立ってもおれぬ不安に襲《おそ》われた。もはや一刻の猶予《ゆうよ》もない。

「どこかに、煩悩《ぼんのう》に汚《けが》れ、悪に染まった親鸞《しんらん》を、導きたもう大徳《たいとく》はましまさぬか……」

「心の悪」に苦しみ、泣き泣き比叡山《ひえいざん》を後にされたのは親鸞聖人《しんらんしょうにん》、二十九歳の春だった。

比叡山の大乗院から根本中堂への坂道。親鸞聖人は、この道を歩んで修行に励まれたに違いない

8

「弥陀の誓願」を明らかにされた法然上人

比叡《ひえい》の山を下り、重い足取りで京都の街をさまよわれた親鸞聖人《しんらんしょうにん》は、四条大橋《しじょうおおはし》に差しかかる。そこで比叡山《ひえいざん》での旧友、聖覚法印《せいかくほういん》とばったり出会われたのである。

親鸞聖人《しんらんしょうにん》より前に下山した聖覚法印《せいかくほういん》は、浄土宗《じょうどしゅう》の開祖・法然上人《ほうねんしょうにん》のお弟子《でし》になっていた。浄土宗《じょうどしゅう》とは、「弥陀《みだ》の誓願《せいがん》」を説く宗派である。阿弥陀仏《あみだぶつ》は、「どんな人も必ず絶対の幸福に救う」と誓《ちか》われている。このお約束を、「弥陀《みだ》の誓願《せいがん》」という。

法然上人《ほうねんしょうにん》は、十三歳で比叡山《ひえいざん》に登られて約三十年、学問修行《がくもんしゅぎょう》に励《はげ》まれた。さらに奈良《なら》の寺院で、法相宗《ほっそうしゅう》や華厳宗《けごんしゅう》など、各宗派の学問も修められたが、生死《しょうじ》の解決はできなかった。どこかに助かる道はないかと探し求め、七千余巻の経典《きょうてん》をひもとくこと、五回に及《およ》んだという。そして、ついに弥陀《みだ》の誓願《せいがん》に救《すく》い摂《と》られた法然上人《ほうねんしょうにん》は、即座《そくざ》に旧仏教と決別し、浄土宗《じょうどしゅう》を開立されたのである。

日本の仏教は、奈良《なら》・平安時代を通じて、政治体制の安泰《あんたい》を祈《いの》るのが役目だった。それは、あくまで支配階級である貴族のための教えであり、庶民《しょみん》は救済の対象から外れていた。だから極楽浄土《ごくらくじょうど》へ往《ゆ》けるのも、戒律《かいりつ》（「生き物を殺さない」とか「女性と交わらない」などの規則）を守る修行僧《しゅぎょうそう》か、寺に財物を寄進する貴族だけとされ、肉を食べ結婚生活《けっこんせいかつ》を送る平民は、戒律《かいりつ》を守ることもできなければ、貧しくて寺に納める物もないから、最初から切り捨てられていたのである。

だがそれは決して、真実の仏法ではない。出家も在家も、老若男女《ろうにゃくなんにょ》、貧富の差別なく、全《すべ》ての人が救われるのが、弥陀《みだ》の誓願《せいがん》である。その平等の救いを明らかにされた法然上人《ほうねんしょうにん》は、日本一の仏教学者と尊崇《そんすう》され、京都吉水《よしみず》に開かれた草庵《そうあん》には、庶民《しょみん》だけでなく、武士や貴族も集まり、参詣者《さんけいしゃ》であふれていた。

聖覚法印《せいかくほういん》に誘《さそ》われ、法然上人《ほうねんしょうにん》の元に参じた親鸞聖人《しんらんしょうにん》は、雨の日も風の日も百日間、真剣《しんけん》に仏法を聞かれた。そして弥陀《みだ》の誓願《せいがん》によって、絶対の幸福に救《すく》い摂《と》られたのである。

「ああ、不思議なるかな……、親鸞《しんらん》は、果てしない過去からあえなかった弥陀《みだ》の救いに、今あうことができた。億劫《おっこう》の間求めても得られなかった絶対の幸福を、今得ることができた。これは全《すべ》て、弥陀《みだ》の誓願《せいがん》の強いお力によってであった。喜ばずにおれない、感謝せずにおれない。弥陀《みだ》の誓願《せいがん》まことだった、本当だった……。早く皆《みな》に伝えなければならない、こんな広大無辺な世界のあることを」

これは建仁《けんにん》元年、親鸞聖人《しんらんしょうにん》二十九歳の時のことだった。

直ちに法然上人《ほうねんしょうにん》の弟子《でし》になられた親鸞聖人《しんらんしょうにん》は、「こんな極悪《ごくあく》な親鸞《しんらん》を、無上の幸福に救ってくださった阿弥陀仏《あみだぶつ》の大恩は、身を粉にしても骨を砕《くだ》いても返さずにおれない」と、弥陀《みだ》の誓願《せいがん》ただ一つ、九十歳の臨終まで叫《さけ》び続《つづ》けられたのである。

9 なぜ、「弥陀の誓願」を説くと弾圧されるのか

法然上人《ほうねんしょうにん》までの時代に、日本に存在した八つの宗派は、国家に認定された教団であり、僧侶《そうりょ》は公務員として、生活は国に保証されていた。

だが法然上人《ほうねんしょうにん》は、政治権力とは無関係に、あくまで釈迦《しゃか》の教えに基《もと》づいて、「今から浄土宗《じょうどしゅう》を広める」と宣言された。それを旧仏教が許すはずもなく、国家も認めるはずがない。朝廷《ちょうてい》は浄土宗《じょうどしゅう》の布教を禁じ、法然上人《ほうねんしょうにん》と親鸞聖人《しんらんしょうにん》を流刑《るけい》に処している。鎌倉幕府《かまくらばくふ》もそれに同調したから、「弥陀《みだ》の誓願《せいがん》」を説く者には、弾圧《だんあつ》が繰《く》り返《かえ》された。

ここで、仏教における、「弥陀《みだ》の誓願《せいがん》」の位置づけを述べておく。釈迦《しゃか》の教説は

皆《みな》、迷いの大海で溺《おぼ》れ苦《くる》しむ私たちが、覚《さと》りの彼岸《ひがん》に到達《とうたつ》する方法を教えたものである。七千余巻の仏典には、無数の法門が説かれているが、大別すれば二とおりになる。それを明らかにされたのが、釈迦入滅《しゃかにゅうめつ》の七百年後にインドに現れた、ナーガールジュナ（龍樹菩薩《りゅうじゅぼさつ》）だった。

世間の道でも、陸路を徒歩で進むのは、山あり谷ありで難渋《なんじゅう》するが、船に乗って海路に出れば、全《すべ》て船長まかせだから、楽で易しい旅となる。同じように、覚《さと》りに至る道も、強固な意志で長期間の修行《しゅぎょう》を続ける「難行道《なんぎょうどう》」と、ひとえに「弥陀《みだ》の誓願《せいがん》」の力で救われる「易行道《いぎょうどう》」とがある。このように仏教を二つに大別されたのは、ナーガールジュナの偉大《いだい》な功績である。

この分類は、中国の曇鸞大師《どんらんだいし》に、そして道綽禅師《どうしゃくぜんじ》へと受《う》け継《つ》がれた。六世紀、北《ほく》斉《せい》の国に誕生された道綽禅師《どうしゃくぜんじ》は、「難行道《なんぎょうどう》」を「聖道仏教《しょうどうぶっきょう》」と名づけ、「易行道《いぎょうどう》」を「浄土仏教《じょうどぶっきょう》」と命名されている。

「聖道仏教《しょうどうぶっきょう》」は、自分の力で難行苦行《なんぎょうくぎょう》に励《はげ》み、この世で覚《さと》りを開こうとする教えをいう。日本でいえば、法然上人《ほうねんしょうにん》が現れる前に存在した、天台宗《てんだいしゅう》、真言宗《しんごんしゅう》、法相宗《ほっそうしゅう》、華厳宗《けごんしゅう》など八つの宗派は皆《みな》、聖道仏教《しょうどうぶっきょう》である。
「浄土仏教《じょうどぶっきょう》」は、弥陀《みだ》の誓願《せいがん》による救いを説き、この世で阿弥陀仏《あみだぶつ》に救われた人は、死ねば浄土《じょうど》へ往《い》って仏に生まれられると教える。

二つの仏教の違《ちが》いを、あえて単純に例えるならば、こうなろう。煩悩《ぼんのう》にまみれた我々を十トンの岩とすれば、修行《しゅぎょう》をして煩悩《ぼんのう》と闘《たたか》い、覚《さと》りを開こうとする「聖道仏《しょうどうぶっ》教《きょう》」は、この岩を何億兆年かけて削《けず》って、海に浮《う》かぶ軽石にしてから、エンジンを取り付け、自分の力で向こう岸まで渡《わた》るようなものである。よほど意志堅固《いしけんご》な聖者でなければ、覚《さと》りに到達《とうたつ》できない、困難な道のりだ。

それに対し「浄土仏教《じょうどぶっきょう》」は、この十トンの岩をそのまま、巨大《きょだい》な船に一瞬《いっしゅん》で乗せてもらい、彼岸《ひがん》に運んでもらう救いである。十トンの岩は十トンのまま、全《すべ》て大船《たいせん》にまかせる船旅だから、一〇〇パーセント何も要《い》らない。しかも、この大船《たいせん》は、どんな重い岩も浮《う》かす力があるから、二十トン以上は積めないとか、せめて五パーセントは軽くしなければならないとか、制限は一切《いっさい》ない。誰《だれ》でも目的地まで行ける、

「易しい」という言葉も要《い》らないほど容易な「救い」である。

先に述べたように『歎異抄《たんにしょう》』第三章では、全《すべ》ての人間を「煩悩具足《ぼんのうぐそく》の我ら」と言われている。煩悩《ぼんのう》でき上がった我々が、その煩悩《ぼんのう》を減らしたり、なくしたりすることなど、できるはずがなかろう。

そんな煩悩《ぼんのう》の塊《かたまり》だと知った大宇宙の諸仏は、「こんな罪の重い者は、とても助けることはできない」と、あきれてさじを投げたと釈迦《しゃか》は説いている。

ところが、我々は自惚《うぬぼ》れ強く、自分がそんな煩悩《ぼんのう》にまみれた存在だとは、とても思えない。そんな、自分の力で彼岸《ひがん》まで泳げる（覚《さと》りに到達《とうたつ》できる）と思っている人には、「船を探そう」とか、「乗せていただこう」という気持ちなど、起きるはずがなかろう。

「聖道仏教《しょうどうぶっきょう》」は、自分は「善人」だという前提に立ち、己《おのれ》の力のみを頼《たよ》っているから、「救い」を求めるという発想は、どこにもないのである。

自分は煩悩《ぼんのう》しかない、罪の重い「悪人」だと知らされてこそ、こんな十トンの岩のような自分は、海底に沈《しず》むしかないと驚《おどろ》き、救助の大船《たいせん》があるなら知りたい、聞きたいという心が起きる。その「大船《たいせん》」こそ、「弥陀《みだ》の誓願《せいがん》」なのである。
「弥陀《みだ》の誓願《せいがん》」を聞こうという心が起きるには、まず自己の本当の姿を知らなければならない。だが、心の悪を見つめ、自分は悪人だと反省している人はまれである。反対に、「あの人に比べたらマシだ」と、自分を善人に分類している人ばかりでなかろうか。

真実の自己を知らせるのは、釈迦《しゃか》といえど容易ではない。そこで大船《たいせん》に近づける手段（方便《ほうべん》）として、聖道仏教《しょうどうぶっきょう》を説かれたのである。どんな人も初めは、自分の力で人生の荒海《あらうみ》を泳ぎ切って、幸福になれると自惚《うぬぼ》れている。だから、すぐそばまで「大船《たいせん》」が近づいてくださっているのに、見向きもしない。そのように自分を「善人」だと勘違《かんちが》いしている人を、親鸞聖人《しんらんしょうにん》は皮肉を込《こ》めて「疑心の善人」と言われている。「善人だと自惚《うぬぼ》れている人」という意味である。

そんな「善人」も、真剣《しんけん》に仏法を聞き求めると、本当の善はできない姿が知らされ、「大船《たいせん》に乗せていただきたい」「どうすれば乗れるか聞きたい」という心が起きてくる。

自分は一つの善もできない極悪人《ごくあくにん》と照らされ、助かる道は「弥陀《みだ》の誓願《せいがん》」しかないと知らされた人は、一瞬《いっしゅん》で大船《たいせん》に乗せられ、この世から絶対の幸福に生かされる。そして一息切れると同時に、向こう岸に到着《とうちゃく》して、未来永遠の幸福に生かされるのである。

これを『歎異抄《たんにしょう》』第三章で、「善人《ぜんにん》なおもって往生《おうじょう》を遂《と》ぐ、いわんや悪人《あくにん》をや」（善人でさえ、浄土《じょうど》へ生まれることができるのだから、ましてや悪人は、なおさら往生《おうじょう》できる）と言われている。

親鸞聖人《しんらんしょうにん》の「善人」「悪人」は、とても常識では理解できない。『歎異抄《たんにしょう》』第三章の「悪人」を、世間の犯罪者のように解釈《かいしゃく》すると、悪いことをすればするほど、浄《じょう》土《ど》へ往《ゆ》けるように誤解する。これは法然上人《ほうねんしょうにん》の時代からあった誤解で、浄土宗《じょうどしゅう》が弾《だん》圧《あつ》される、一つの原因にもなった。

『歎異抄《たんにしょう》』には、とんでもない誤解をする恐《おそ》れのある文章が多いので、室町時代に浄土真宗《じょうどしんしゅう》を全国に広められた蓮如上人《れんにょしょうにん》は、「誰《だれ》にでも見せてはならない」と奥書《おくがき》をつけ、封印《ふういん》された。

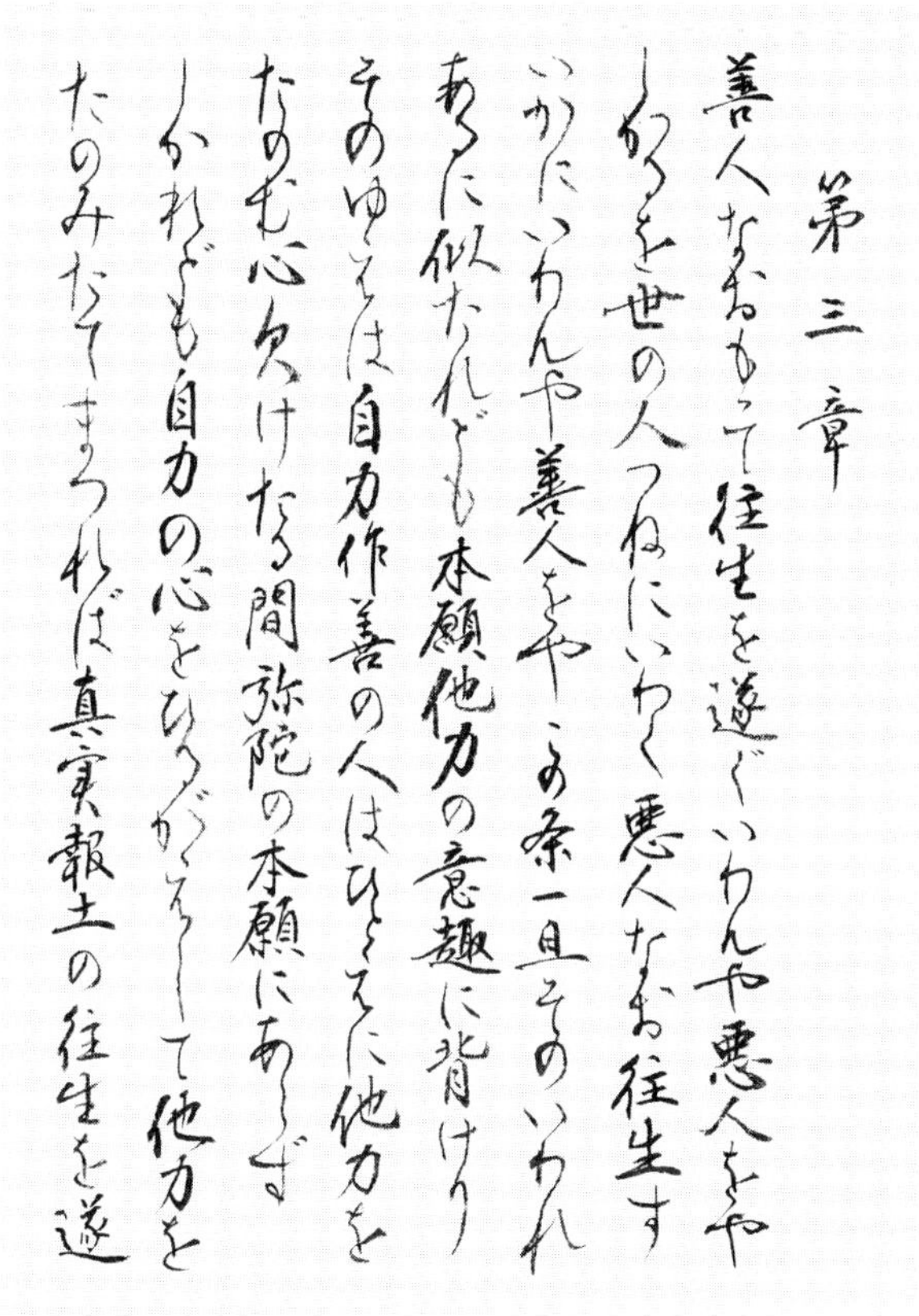
第三章
善人なおもて往生を遂ぐ。いわんや悪人をや
しかるを世の人つねにいわく、悪人なお往生す
いかにいわんや善人をや。この条一旦そのいわれ
あるに似たれども本願他力の意趣に背けり
そのゆえは自力作善の人はひとえに他力を
たのむ心欠けたる間弥陀の本願にあらず
しかれども自力の心をひるがえして他力を
たのみたてまつれば真実報土の往生を遂

（書　木村泰山）　『歎異抄』第三章

10

末法の世になると、何が変わるのか

釈迦《しゃか》は、時代が下って世の中が乱れてくると、聖道仏教《しょうどうぶっきょう》では一人も助からなくなると説いている。釈迦滅後《しゃかめつご》から五百年（または千年）を「正法《しょうぼう》」といい、教えが正しく伝わり、そのとおり修行《しゅぎょう》して、覚《さと》りを開く人のいる時期とされる。

正法《しょうぼう》の後、千年間を「像法《ぞうぼう》」といい、「教え」と「実践《じっせん》する人」はあっても、覚《さと》りを開く人のいない時代である。そして次の「末法《まっぽう》」になると、教えだけが残って、いかに修行《しゅぎょう》をしても、一人も覚《さと》りを得ることができなくなると、『大集経《だいじゅうきょう》』などの経典《きょうてん》に説かれている。

末法《まっぽう》が一万年続いた後に、「法滅《ほうめつ》」という時期が来て、全《すべ》ての経典《きょうてん》が滅《めっ》する。この時には、修行《しゅぎょう》をする人はおろか、聖道仏教《しょうどうぶっきょう》の「教え」さえなくなってしまう。しかし、たとえ法滅《ほうめつ》の世になっても、「弥陀《みだ》の誓願《せいがん》」が教えられた『大無量寿経《だいむりょうじゅきょう》』だけは残ると説かれている。

　ここからも分かるように、いつの時代も等しく、全《すべ》ての人を絶対の幸福に救う「弥陀《みだ》の誓願《せいがん》」を説くことこそが、釈迦《しゃか》がこの世に現れた目的だったのである。

　法然上人《ほうねんしょうにん》は、仏教の結論である「弥陀《みだ》の誓《せい》願《がん》」を明らかにしなければならないと、「浄《じょう》土宗《どしゅう》」を開かれた。「浄土宗《じょうどしゅう》」とは、「弥陀《みだ》の誓願《せいがん》」の別名である。聖道仏教《しょうどうぶっきょう》から浄土仏教《じょうどぶっきょう》（弥陀《みだ》の誓願《せいがん》）に導くのが、釈迦《しゃか》の目的だか

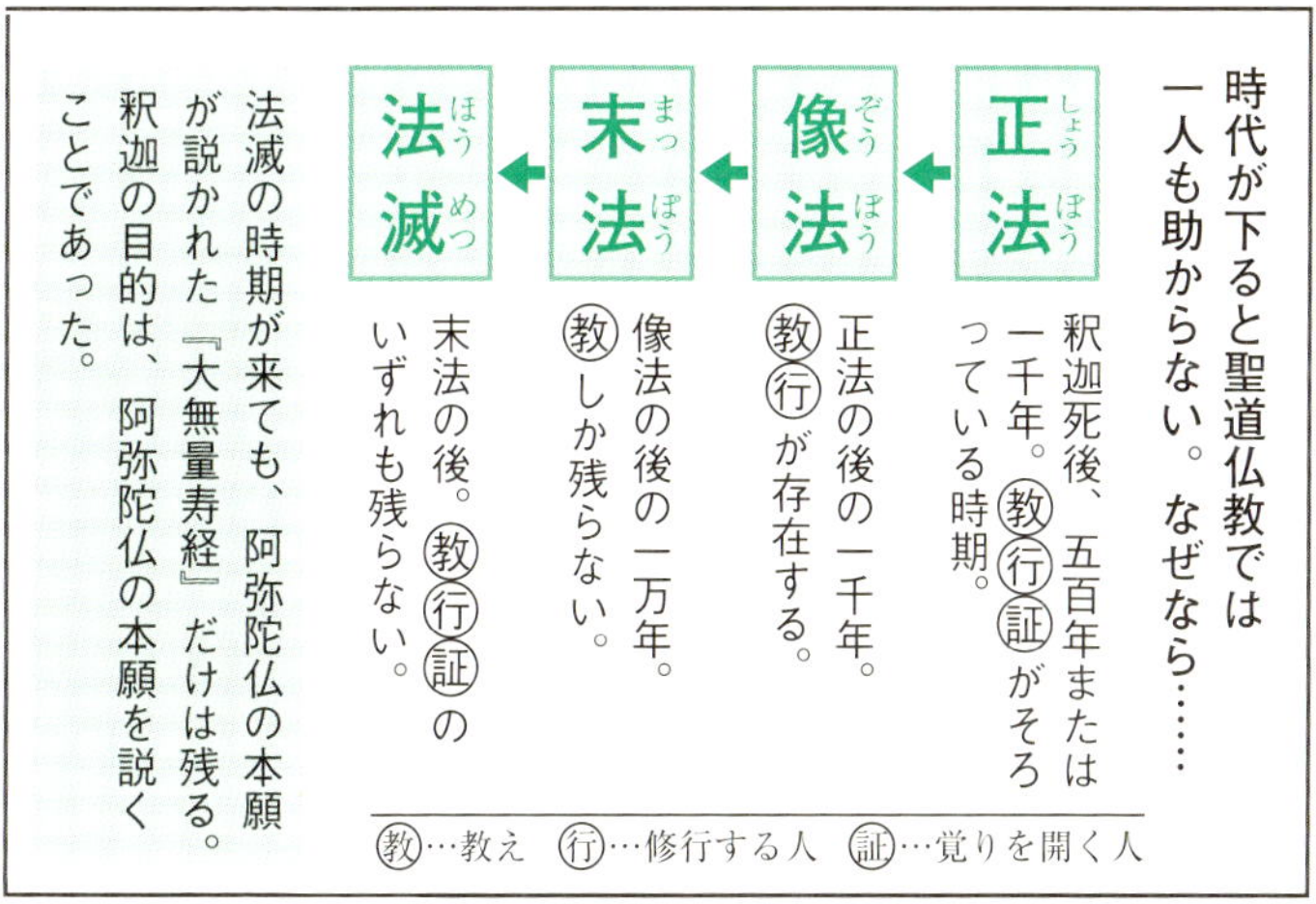
時代が下ると聖道仏教では一人も助からない。なぜなら……
正法《しょうぼう》
釈迦死後、五百年または一千年。教行証がそろっている時期。
像法《ぞうぼう》
正法の後の一千年。教行が存在する。
末法《まっぽう》
像法の後の一万年。教しか残らない。
法滅《ほうめつ》
末法の後。教行証のいずれも残らない。
法滅の時期が来ても、阿弥陀仏の本願が説かれた『大無量寿経』だけは残る。釈迦の目的は、阿弥陀仏の本願を説くことであった。
教…教え　行…修行する人　証…覚りを開く人

ら、「浄土宗《じょうどしゅう》」は数ある宗派の一つではなく、「仏教そのもの」といえよう。

なお一部の教科書には、親鸞聖人《しんらんしょうにん》は法然上人《ほうねんしょうにん》の教えを「一歩進めて」、新たに「浄土真宗《じょうどしんしゅう》」を興《おこ》されたと記載《きさい》されているが、「浄土真宗《じょうどしんしゅう》」とは、正しく継承《けいしょう》された「真」の「浄土宗《じょうどしゅう》」という意味だから、親鸞聖人《しんらんしょうにん》の仰《おっしゃ》った「浄土真宗《じょうどしんしゅう》」とは、法然《ほうねん》上人《しょうにん》の「浄土宗《じょうどしゅう》」のことであり、それは「弥陀《みだ》の誓願《せいがん》」にほかならない。

法然上人《ほうねんしょうにん》も親鸞聖人《しんらんしょうにん》も、二千六百年前に釈迦《しゃか》の説いた「弥陀《みだ》の誓願《せいがん》」を、そのまま伝えられただけであり、新たな教えや教団を作る意志は皆無《かいむ》だった。

11 なぜ、親鸞聖人は肉食妻帯を決行されたのか

親鸞聖人《しんらんしょうにん》は三十一歳の時、法然上人《ほうねんしょうにん》の勧《すす》めにより、肉食妻帯《にくじきさいたい》を断行された。縁《えん》を結んだのは、関白だった九条兼実《くじょうかねざね》の娘《むすめ》、玉日《たまひ》と伝えられている。法然上人《ほうねんしょうにん》の厚い信《しん》奉者《ぼうしゃ》として知られる九条兼実《くじょうかねざね》は、天皇の補佐《ほさ》を務めると同時に、武家の源頼朝《みなもとのよりとも》とも親交を深め、政界の頂点に立っていた。

「弥陀《みだ》の誓願《せいがん》」は、僧侶《そうりょ》も在家の人も、男も女も、老いも若きも、一切《いっさい》の差別なく、無条件に救うというお約束である。「聖道仏教《しょうどうぶっきょう》」のように、戒律《かいりつ》を守り、煩悩《ぼんのう》と闘《たたか》って覚《さと》りを開こうとする教えは、生活に追われて「生き方」しか考えられず、罪を造り続ける民衆には、とても実行できない。高尚《こうしょう》すぎて凡人《ぼんじん》には手の届かぬ、「高《たか》

嶺《ね》の花」のような教えが、釈迦《しゃか》の真意であるはずがなかろう。

全《すべ》ての人が、ありのままの姿で救われる「弥陀《みだ》の誓願《せいがん》」こそ、真実の仏法であることを明らかにするために、親鸞聖人《しんらんしょうにん》は肉食妻帯《にくじきさいたい》をあえて決行されたのである。

しかし天台《てんだい》・真言《しんごん》などの聖道仏教《しょうどうぶっきょう》では、肉食妻帯《にくじきさいたい》は固く禁じられていた。当時、僧侶《そうりょ》が公然と結婚《けっこん》することは、世間でも、仏教界でも、大問題だったのである。京都の町は騒然《そうぜん》とし、聞くに堪《た》えない悪口雑言《あっこうぞうごん》が親鸞聖人《しんらんしょうにん》に浴びせられた。「仏教を破壊《はかい》する悪魔《あくま》」「仏敵」「色坊主《いろぼうず》」「堕落坊主《だらくぼうず》」「破戒僧《はかいそう》」などと、あらゆる非難の的になった親鸞聖人《しんらんしょうにん》だったが、その不退の決意は固かった。

12 比叡山や興福寺は、なぜ、浄土宗を恐れたのか

日本の通説では、「末法《まっぽう》」の暗黒時代が始まるのは、永承《えいしょう》七年（一〇五二）からだった。ちょうどその頃《ころ》から、盗賊《とうぞく》や暴力が横行し、災害や戦乱も続発したため、誰《だれ》もが末法《まっぽう》の到来《とうらい》を現実のこととして痛感していた。

悪世の救いが強く求められる中、源信僧都《げんしんそうず》が『往生要集《おうじょうようしゅう》』を著《あらわ》し、末法《まっぽう》になると浄土仏教《じょうどぶっきょう》（弥陀《みだ》の誓願《せいがん》）でしか助からないことを、体系的に教えられた。この『往《おう》生要集《じょうようしゅう》』の多大な影響《えいきょう》により、平安中期から浄土仏教《じょうどぶっきょう》が庶民《しょみん》、貴族を問わず急速に広まった。

平安末期には、法然上人《ほうねんしょうにん》が浄土宗《じょうどしゅう》を開かれ、いよいよ弥陀《みだ》の誓願《せいがん》が大衆に流布《るふ》さ

れる。多くの庶民《しょみん》に加え、貴族や武士、聖道仏教《しょうどうぶっきょう》の学者も、法然上人《ほうねんしょうにん》の信奉者《しんぽうしゃ》となっていった。

一方、聖道仏教《しょうどうぶっきょう》の各宗は、貴族に支えられていたものの、鎌倉時代《かまくらじだい》になると、頼《たの》みの貴族は没落《ぼつらく》する一方だった。加えて聖道仏教《しょうどうぶっきょう》を根本から揺《ゆ》るがす末法思想《まっぽうしそう》が、社会全体に浸透《しんとう》すると、旧教団は焦《あせ》りを隠《かく》せなかった。比叡《ひえい》や奈良《なら》の大寺院は、このままでは日本中が浄土宗《じょうどしゅう》になってしまう、と強い危機感を抱《いだ》く。そして何とか法然一門《ほうねんいちもん》を解散させようと、弾圧《だんあつ》の糸口を探《さぐ》っていたのである。

法然上人《ほうねんしょうにん》は、政治と癒着《ゆちゃく》した他宗の僧《そう》と違《ちが》い、権力者のために政権安泰《せいけんあんたい》を祈《いの》るようなことは、一切《いっさい》されなかった。民衆が本当の幸福になる道だけを教える浄土宗《じょうどしゅう》が、鎌倉幕府《かまくらばくふ》の膝元《ひざもと》・関東にまで広がると、幕府は弾圧《だんあつ》を決定した。

仏教界で、法然迫害《ほうねんはくがい》の口火を切ったのは、比叡山延暦寺《ひえいざんえんりゃくじ》だった。親鸞聖人《しんらんしょうにん》が肉食《にくじき》妻帯《さいたい》された翌年の元久元年《げんきゅうがんねん》（一二〇四）、比叡山《ひえいざん》の僧兵《そうへい》が、布教活動を中止せよと圧力をかけてきた。法然上人《ほうねんしょうにん》が、比叡山《ひえいざん》をなだめる文書を送ったものの、彼《かれ》らの不満は少しも治まらなかった。

翌年、今度は奈良《なら》の興福寺《こうふくじ》が動き出す。その時代、奈良《なら》は「南都《なんと》」と呼ばれていたが、南都《なんと》の大寺院の中でも、特に興福寺《こうふくじ》が勢力を拡大したので、後《のち》に南都《なんと》といえば興福寺《こうふくじ》を指すようになった。

その興福寺《こうふくじ》の解脱房貞慶《げだつぼうじょうけい》が代表者となり、聖道諸宗《しょうどうしょしゅう》が結託《けったく》して朝廷《ちょうてい》に直訴《じきそ》し、吉水《よしみず》の法然教団《ほうねんきょうだん》の解散、そして法然上人《ほうねんしょうにん》と弟子《でし》への厳罰《げんばつ》を要求したのである。貞慶《じょうけい》が起草したこの訴状《そじょう》は、「興福寺奏状《こうふくじそうじょう》」といわれている。

直訴状《じきそじょう》は九項目《こうもく》にわたり、例えば次のような非難が書かれていた。

第一に、すでに仏教の宗派が八宗もあるのだから、新たに浄土宗《じょうどしゅう》を立てる必要は全くない。それなのに法然《ほうねん》らは天皇《てんのう》の許可も得ず、一宗を名乗っているのは僭越至極《せんえつしごく》である。

また、法然《ほうねん》らは阿弥陀仏《あみだぶつ》だけを信じ、仏教徒にとって最も大切な釈迦牟尼仏《しゃかむにぶつ》を軽んじて、礼拝《らいはい》しない。これは本末転倒《ほんまつてんとう》も甚《はなは》だしい。

そして、日本では古来、仏教と神道《しんとう》とは固く結びついている。だからこそ最澄《さいちょう》や空海《くうかい》も皆《みな》、神々をあがめ尊んできたのである。それにもかかわらず法然《ほうねん》らは、「神を拝めば苦患《くげん》に沈《しず》む」と言い触《ふ》らし、世人を迷わせている。

しかも、「女犯《にょぼん》や肉食《にくじき》、何をやってもかまわぬ」と言って、戒律《かいりつ》を軽蔑《けいべつ》するのみならず、「末法《まっぽう》の今日《こんにち》、戒律《かいりつ》を守る人間がいるなどと、誰《だれ》が信じようか。街の中に虎《とら》がいると言っているようなものだ」と暴言し、仏法を破壊《はかい》している。

奏上文《そうじょうもん》は最後、次のように結ばれている。

「このたびのように、全仏教徒が一丸となって訴訟《そしょう》するという前代未聞《ぜんだいみもん》のことを致《いた》しますのは、事は極《きわ》めて重大だからであります。どうか天皇のご威徳《いとく》によって念仏を禁止し、この悪魔《あくま》の集団を解散し、法然《ほうねん》と、その弟子《でし》たちを処罰《しょばつ》していただきますよう、興福寺《こうふくじ》よりおそれながら申し上げます」

どちらが正しい釈迦《しゃか》の教えであるかは、経典《きょうてん》の言葉によってのみ決まることである。しかし聖道諸宗《しょうどうしょしゅう》は、朝廷《ちょうてい》を動かして権力で抑圧《よくあつ》するという、腐敗《ふはい》した大寺院の常套手段《じょうとうしゅだん》に訴《うった》えたのである。

13 ついに、日本仏教史上、空前絶後の弾圧が起きた

興福寺《こうふくじ》の直訴《じきそ》は、執拗《しつよう》な催促《さいそく》にもかかわらず、一年たっても通らなかった。

その頃《ころ》、鹿ヶ谷《ししがたに》（京都市左京区）では法然上人《ほうねんしょうにん》の弟子《でし》、住蓮《じゅうれん》と安楽《あんらく》が草庵《そうあん》を結んで説法をしていた。二人とも評判の美声の持ち主で、集まる女性も多かったという。だがそのために、あらぬ噂《うわさ》を立てられることもあった。とうとう「鹿ヶ谷事件《ししがたにじけん》」が降りかかり、最悪の結末を迎《むか》える。

それは建永元年《けんえいがんねん》（一二〇六）十二月、後鳥羽上皇《ごとばじょうこう》が熊野《くまの》（和歌山県）の神社に詣《もう》でた時のことである。その留守中、上皇が特に気に入っていた宮廷女房《きゅうていにょうぼう》の鈴虫《すずむし》・松虫《まつむし》が、住蓮《じゅうれん》・安楽《あんらく》を訪れたまま、一晩帰らなかったという。事の真偽《しんぎ》は定《さだ》かでないが、

世間では密通だとささやかれ、年末に帰京した上皇はそれを聞いて激高した。

年が明けて正月から、法然上人《ほうねんしょうにん》の弟子《でし》の逮捕《たいほ》、拷問《ごうもん》が相次いで行われた。法然上《ほうねんしょう》人《にん》の信奉者《しんぽうしゃ》だった元関白・九条兼実《くじょうかねざね》は、何とか救済しようと八方手を尽《つ》くしたが、上皇の怒《いか》りは治まらなかった。

そして二月、興福寺《こうふくじ》の奏状《そうじょう》が取り上げられ、「弥陀《みだ》の誓願《せいがん》」の布教は禁止された。法然上人《ほうねんしょうにん》と親鸞聖人《しんらんしょうにん》以下、八人が流罪《るざい》となり、住蓮《じゅうれん》、安楽《あんらく》ら四人が死罪に処せられた。親鸞聖人《しんらんしょうにん》も初めは死罪だったが、兼実《かねざね》らの尽力《じんりょく》で流罪《るざい》になったといわれる。

よほどの殺人鬼《さつじんき》でない限り死刑《しけい》は行われない貴族社会で、一挙に四人の斬首《ざんしゅ》が行われたこと一つとっても、異例だった。聖道諸宗《しょうどうしょしゅう》と権力者の結託《けったく》で、仏教史上例を見ない、過酷《かこく》な弾圧《だんあつ》が加えられたのである。

親鸞聖人《しんらんしょうにん》三十五歳、法然上人《ほうねんしょうにん》七十五歳の時のことであった。

14 親鸞聖人は、越後へ流刑

親鸞聖人《しんらんしょうにん》が追放された先は、越後《えちご》（新潟県上越市《にいがたけんじょうえつし》）だった。法然上人《ほうねんしょうにん》の元に参じてわずか六年、あまりにも早い別離《べつり》だったが、冷酷《れいこく》な権力になす術《すべ》もなく、親鸞聖人《しんらんしょうにん》は恩師と京都で別れたきり、この世で再会することはなかった。

都を出た親鸞聖人《しんらんしょうにん》は、幾《いく》つもの難所を越《こ》え、流刑《るけい》の地へ赴《おもむ》かれた。流刑者《るけいしゃ》は最初の一年は米と塩を与《あた》えられたが、翌年からは穀物の種子しか与《あた》えられない。荒《あ》れ地《ち》を切り開いて、自ら収穫《しゅうかく》した作物で生活しなければならなかったのである。北陸の寒さはひとしお厳しい。雪深い越後《えちご》での生活は、約七年続いた。

越後《えちご》に赦免《しゃめん》の知らせが届き、親鸞聖人《しんらんしょうにん》は京都へ戻《もど》ろうとされたが、途中《とちゅう》で法然上《ほうねんしょう》人《にん》の訃報《ふほう》が入る。師のましまさぬ京都に、何の未練があろう。親鸞聖人《しんらんしょうにん》は進路を東《とう》国《ごく》に改め、常陸国《ひたちのくに》（茨城県《いばらきけん》）に赴《おもむ》かれた。建保《けんぽう》二年（一二一四）、四十二歳の時だった。

親鸞聖人は、親不知子不知の難所を越えた辺りから船に乗り、越後の居多ヶ浜へ上陸された（新潟県上越市）

15 関東で、精力的な布教をされた親鸞聖人

常陸国《ひたちのくに》に到着《とうちゃく》された親鸞聖人《しんらんしょうにん》は、稲田《いなだ》（茨城県笠間市《いばらきけんかさまし》）に草庵《そうあん》を結び、約二十年間、布教をされている。そこには天台《てんだい》・真言《しんごん》の寺院と、鹿島神宮《かしまじんぐう》をはじめ神社が多くあり、権力者と結びついていた。口実があれば弾圧《だんあつ》は幾《いく》らでもできたし、事実、行われた。

親鸞聖人《しんらんしょうにん》を初めから歓迎《かんげい》する者など、一人もいなかった。親鸞聖人《しんらんしょうにん》の歩みは、田畑を耕し種をまき、苗《なえ》を植え水を注いで育てるがごとく、堅実《けんじつ》に、ゆっくりしたものだった。

関東での布教は常陸《ひたち》、下総《しもうさ》（千葉県）、下野《しもつけ》（栃木県《とちぎけん》）などの諸国に及《およ》んだ。広《こう》

範囲《はんい》にわたり多くの人が教えを聞くようになった結果から、精力的な布教が行われたことが知らされる。親鸞聖人《しんらんしょうにん》は多忙《たぼう》な布教の合間をぬって、全六巻からなる主著『教行信証《きょうぎょうしんしょう》』の著述を進められた。

関東での布教の拠点にされた稲田の草庵跡（茨城県笠間市）

16

山伏弁円が、明法房に生まれ変わる

常陸国《ひたちのくに》では、弁円《べんねん》という山伏《やまぶし》が一大勢力を誇《ほこ》っていた。山伏《やまぶし》とは、山に伏《ふ》して（こもって）修行《しゅぎょう》をする者のことである。日本では古来、山は神々の住む聖地だと尊ばれていた。その山岳信仰《さんがくしんこう》と仏教が混ざり合って、山で修行《しゅぎょう》をして神仏の力と一体化しようとする、「修験道《しゅげんどう》」という宗教が生まれた。

修験道《しゅげんどう》の苦行《くぎょう》を実践《じっせん》する者を、「修験者《しゅげんじゃ》」とか「山伏《やまぶし》」という。当時は、山伏《やまぶし》に加持祈祷《かじきとう》（祈《いの》りの儀式《ぎしき》）をしてもらえば、病気は治り、商売は繁盛《はんじょう》、災難も消滅《しょうめつ》するなど、現世利益《げんぜりやく》が得られると信じられていた。その信仰《しんこう》は、今日《こんにち》も続いている。

弁円《べんねん》の元には多くの信者が集まっていたが、親鸞聖人《しんらんしょうにん》が稲田《いなだ》で布教を始められると、弥陀《みだ》の本願《ほんがん》を聞き求める人が一人、また一人と増えた。弁円《べんねん》も初めは、「しょせんは肉食妻帯《にくじきさいたい》の破戒僧《はかいそう》。修験道《しゅげんどう》こそ正しい仏教だと分かる時が必ずある」と余裕《よゆう》があった。

しかし弁円《べんねん》の信者は日に日に減り、かつて熱心だった者も離《はな》れていった。弟子《でし》に稲田《いなだ》の様子を探《さぐ》らせると、親鸞聖人《しんらんしょうにん》の元には常陸国《ひたちのくに》だけでなく、武蔵国《むさしのくに》（東京都・埼玉県周辺《さいたまけん》）や相模国《さがみのくに》（神奈川県《かながわけん》）からもたくさんの人が集まり、参詣者《さんけいしゃ》であふれ返っているという。しかも親鸞聖人《しんらんしょうにん》は、「祈祷《きとう》は迷信であり、仏法《ぶっぽう》ではない」と説かれていた。

逆恨《さかうら》みした弁円《べんねん》は、親鸞聖人《しんらんしょうにん》を呪《のろ》い殺《ころ》す祈祷《きとう》を始めたが、何も起きない。そんなおり、親鸞聖人《しんらんしょうにん》が柿岡村《かきおかむら》（茨城県石岡市《いばらきけんいしおかし》）に布教に行くために、必ず板敷山《いたじきやま》（同市）を通られることを知ったのである。

「これはちょうどよい。一刀両断にしてくれる」

弁円《べんねん》は弟子《でし》を連れ、板敷山《いたじきやま》で待《ま》ち伏《ぶ》せをした。だが親鸞聖人《しんらんしょうにん》は現れず、やがて、すでに親鸞聖人《しんらんしょうにん》は柿岡《かきおか》に着かれていることが分かった。

「帰りこそは」と潜《ひそ》んでいたが、やはり親鸞聖人《しんらんしょうにん》の姿は見えず、代わりに、もう稲《いな》田《だ》に戻《もど》られたという知らせが入った。

次の日も、また次の日も、陰謀《いんぼう》は失敗に終わった。

弁円《べんねん》の忍耐《にんたい》も限界が来た。

「こんな方法では生ぬるい。直接成敗してくれる」

弁円《べんねん》は昼のさなか、剣《つるぎ》を手に稲田《いなだ》の草庵《そうあん》へ押《お》しかけた。

「やい、親鸞《しんらん》いるか。肉食妻帯《にくじきさいたい》の堕落坊主《だらくぼうず》。み仏に代わって成敗してくれるわ！門を開けろ」

親鸞聖人《しんらんしょうにん》の弟子《でし》たちは騒然《そうぜん》として、恩師をお守りしようと集まった。

「お師匠《ししょう》さま、弁円《べんねん》は剣《つるぎ》をかざしております。どうか、裏から安全な所へ」

懇願《こんがん》する弟子《でし》たちに、親鸞聖人《しんらんしょうにん》は諭《さと》された。

「親鸞《しんらん》が弁円殿《べんねんどの》の立場であれば、親鸞《しんらん》が押《お》しかけていくだろう。そしるもそしられるも、恨《うら》むも恨《うら》まれるも、ともに仏法《ぶっぽう》を伝える尊いご縁《えん》なのだ。皆《みな》の者。私の身を案じてくれるのはありがたいが、極悪最下《ごくあくさいげ》の親鸞《しんらん》を、極善無上《ごくぜんむじょう》の幸せに救いたもうた、広大な阿弥陀如来《あみだにょらい》のご恩を思うと、じっとしてはおれぬのだ。さあ、会わせてもらおう」

親鸞聖人《しんらんしょうにん》は数珠《じゅず》一連だけ持って、弁円《べんねん》の前に現れられた。

剣《つるぎ》を振《ふ》りかざし、親鸞聖人《しんらんしょうにん》に向かっていく弁円《べんねん》。

一瞬《いっしゅん》、弁円《べんねん》は、わが目を疑った。親鸞聖人《しんらんしょうにん》の、「よく参られた」と手を伸《の》ばさんばかりの笑顔《えがお》は、仏か菩薩《ぼさつ》か。仏教の怨敵《おんてき》と呪《のろ》い続《つづ》けた、これが親鸞《しんらん》か。見る見るうちに殺意は失《う》せ、弁円《べんねん》の手から剣《つるぎ》が落ちる。

がっくりと大地に膝《ひざ》を突《つ》いた弁円《べんねん》の眼《まなこ》から、熱い悔恨《かいこん》の涙《なみだ》が、とめどもなくあふれ出た。

「あーっ！　俺《おれ》は間違《まちが》っていた！　弁円《べんねん》、一生の不覚。お許しくだされ、親鸞殿《しんらんどの》。稲田《いなだ》の繁栄《はんえい》をねたみ、お命を狙《ねら》っていたこの弁円《べんねん》。恐《おそ》ろしい、鬼《おに》であった。どうか今までの大罪、お許しくだされーっ」

泣《な》き崩《くず》れる弁円《べんねん》の肩《かた》に、親鸞聖人《しんらんしょうにん》はそっと手をかけられた。

「弁円殿《べんねんどの》、そなたは正直者じゃ。まこと言えば親鸞《しんらん》も、憎《にく》い殺したい心は、山ほどあり申すが、それを隠《かく》すに親鸞《しんらん》、ほとほと迷惑《めいわく》しておりまする。それに引《ひ》き替《か》え、弁円殿《べんねんどの》は、思いのままにふるまわれる。素直《すなお》な心が、うらやましい」

「親鸞殿《しんらんどの》。こんな弁円《べんねん》でも、助かる道がござろうか」

「何を言われる弁円殿《べんねんどの》。こんな親鸞《しんらん》をも、阿弥陀如来《あみだにょらい》は救いたもうた。煩悩《ぼんのう》逆巻く、罪深く悪の重い者こそが正客《しょうきゃく》と仰《おお》せの、弥陀《みだ》の誓願《せいがん》じゃ。何の嘆《なげ》きがあろうか」

弁円《べんねん》は大地にひれ伏《ふ》して懇願《こんがん》した。

「親鸞殿《しんらんどの》。どうかこの弁円《べんねん》を、お弟子《でし》にお加えくださるまいか。お願い申す。お聴《き》きくだされ……」

「弁円殿《べんねんどの》。親鸞《しんらん》には一人の弟子《でし》も、あり申さぬ。ともに弥陀《みだ》の誓願《せいがん》を聞かせていただく我らは、御同朋《おんどうぼう》、御同行《おんどうぎょう》じゃ。喜ばしき友であり、兄弟なのだ。弁円殿《べんねんどの》も、早くお聞きくだされ」

かくて弁円《べんねん》は、親鸞門下《しんらんもんか》の一人となり、明法房《みょうほうぼう》と大きく生まれ変わったのである。

後日、明法房《みょうほうぼう》が親鸞聖人《しんらんしょうにん》と板敷山《いたじきやま》を歩いていた時のことである。かつて聖人《しょうにん》を殺害せんと、待《ま》ち伏《ぶ》せた所に差しかかった。山も道も、昔のままである。しかし、何と心が大変わりしたことか。最も憎《にく》んでいた人が、最も尊敬する方になろうとは。この時、感涙《かんるい》にむせんだ明法房《みょうほうぼう》の作った歌が伝えられている。

「山もやま　道もむかしに　かわらねど
かわりはてたる　わがこころかな」

弥陀《みだ》の誓願《せいがん》に救われたならば、心がガラリと大転換《だいてんかん》するのである。

親鸞聖人《しんらんしょうにん》が稲田《いなだ》に居を構えた二十年の間に、百人近くが弟子《でし》となった。『歎異抄《たんにしょう》』の著者といわれる唯円《ゆいねん》も、その一人である。

弟子《でし》の草庵《そうあん》は、北は福島県から南は神奈川県《かながわけん》まで広がっている。関東一円をくまなく歩かれた、親鸞聖人《しんらんしょうにん》の着実な布教の結果であろう。

弁円の歌は、今も板敷山の石碑に刻まれている

17 京都へ戻り、著作に励まれる親鸞聖人

還暦《かんれき》を過ぎられた親鸞聖人《しんらんしょうにん》は、京都に戻《もど》られた。六十三歳の頃《ころ》と推測されている。

朝廷《ちょうてい》からの弾圧《だんあつ》は執拗《しつよう》に繰《く》り返《かえ》されており、天福《てんぷく》二年（一二三四）親鸞聖人《しんらんしょうにん》が六十二歳の時、「念仏禁止令」が出され、京都で「弥陀《みだ》の誓願《せいがん》」の布教は禁じられた。この弾圧《だんあつ》は、全国に広がろうとしていた。

果たして翌年、鎌倉幕府《かまくらばくふ》も念仏禁止令を出し、弾圧《だんあつ》を強化した。この迫害《はくがい》を避《さ》けて帰郷されたとする説もあるが、京都こそ朝廷《ちょうてい》と比叡山《ひえいざん》のある、弾圧《だんあつ》の本拠地《ほんきょち》であり、妨害《ぼうがい》は余計厳しかった。事実、比叡山《ひえいざん》は、朝廷《ちょうてい》が弱体化して頼《たよ》れなくなると、延応《えんおう》二年（一二四〇）には、独自に集めた人員で迫害《はくがい》している。

親鸞聖人《しんらんしょうにん》が京都へ戻《もど》られたのは、『教行信証《きょうぎょうしんしょう》』完成のためであろう。関東で見られる資料には限りがあり、都には及《およ》ばなかったからである。

晩年の親鸞聖人《しんらんしょうにん》は、著作活動に励《はげ》むかたわら、幾《いく》たびも関東に手紙を出されている。その大部分は、同行《どうぎょう》（ともに仏法を聞き求める人々）からの質問に、丁寧《ていねい》に答えたものだった。それらの便りは、『末灯鈔《まっとうしょう》』『親鸞聖人御消息集《しんらんしょうにんごしょうそくしゅう》』『親鸞聖人血脈文集《しんらんしょうにんけちみゃくもんじゅう》』などに収められている。

親鸞聖人《しんらんしょうにん》の数多い著述のほとんどは、七十六歳以降に書かれている。親鸞聖人《しんらんしょうにん》の明晰《めいせき》な思考と、類《たぐ》いまれなる集中力は、老いてますます盛《さか》んだった。

二十九歳で弥陀《みだ》の誓願《せいがん》に救われてから、六十年にわたる熾烈《しれつ》な布教の疲《つか》れは、我々の想像を超《こ》えるものであったに違《ちが》いない。不断の文書伝道は、親鸞聖人《しんらんしょうにん》の目を傷《いた》めずにはおかなかった。八十五歳の手紙には、「目もみえず候《そうろう》」という言葉もある。

体は確実に衰《おとろ》えていたが、筆の勢いは全く変わらず、最後の著作は八十八歳での制作だった。親鸞聖人《しんらんしょうにん》は、曇鸞《どんらん》（中国の高僧《こうそう》）の『浄土論註《じょうどろんちゅう》』や、法友の隆寛《りゅうかん》や聖《せい》覚《かく》の本を書写しては弟子《でし》に与《あた》え、最後まで教《きょう》化《け》に力を尽《つ》くされている。

その著作と書写が、群を抜《ぬ》いて激しかったのは、八十二歳から八十六歳までの五年間だった。現存する聖人《しょうにん》直筆の八割以上は、この期間に書かれている。それは、こともあろうに長子・善鸞《ぜんらん》が、関東で邪説《じゃせつ》をでっち上げたのが原因であろう。正しい教えを護《まも》るために聖人《しょうにん》は、とうとう絶縁状《ぜつえんじょう》を送られねばならなかった。波瀾万丈《はらんばんじょう》の生涯《しょうがい》で、最も悲痛な出来《でき》事《ごと》であったに違《ちが》いない。

まさに不惜身命《ふしゃくしんみょう》の親鸞聖人《しんらんしょうにん》は、弘長《こうちょう》二年十一月二十八日、九十年の生涯《しょうがい》を閉じられた。

親鸞聖人晩年の主な著作

76歳	浄土和讃《じょうどわさん》 高僧和讃《こうそうわさん》
78歳	唯信鈔文意《ゆいしんしょうもんい》
83歳	浄土文類聚鈔《じょうどもんるいじゅしょう》 愚禿鈔《ぐとくしょう》
84歳	往相廻向還相廻向文類《おうそうえこうげんそうえこうもんるい》
85歳	西方指南抄《さいほうしなんしょう》 一念多念文意《いちねんたねんもんい》 浄土三経往生文類《じょうどさんぎょうおうじょうもんるい》 正像末和讃《しょうぞうまつわさん》
86歳	尊号真像銘文《そんごうしんぞうめいもん》
88歳	弥陀如来名号徳《みだにょらいみょうごうとく》

18

唯円が泣く泣く『歎異抄』を書いたのは、なぜか

親鸞聖人《しんらんしょうにん》が世を去られてから二十年足らずで、嘆《なげ》かわしい異説がはびこったのは、なぜか。最大の理由は、親鸞聖人《しんらんしょうにん》の教えが、常識を超《こ》えていたからであろう。『歎異抄《たんにしょう》』には、どう理解すべきか、たじろぐ発言が多い。第五章の「親鸞《しんらん》は、亡《な》き父母の追善供養《ついぜんくよう》のために、念仏一遍《ねんぶついっぺん》、いまだかつて称《とな》えたことがない」という言葉を聞けば、親の極楽往生《ごくらくおうじょう》を願わなかったように感ずるだろう。

第二章では、「念仏《ねんぶつ》は浄土《じょうど》に生まれる因《たね》なのか、地獄《じごく》に堕《お》つる業《ごう》なのか、全くもって親鸞《しんらん》、知るところではない」と言い放たれる。無責任だと憤慨《ふんがい》する人もあれば、文字どおり受け取って、親鸞聖人《しんらんしょうにん》も何も分かっていられなかったのだと、引きずり

下ろす人もある。

親鸞聖人《しんらんしょうにん》が常識《じょうしき》破壊《はかい》を繰《く》り返《かえ》される目的は、ただ一つ。「弥陀《みだ》の誓願《せいがん》」を明らかにするためであった。親鸞聖人《しんらんしょうにん》の教えといっても、「弥陀《みだ》の誓願《せいがん》」以外、何もない。ところがその弥陀《みだ》のお約束を、『歎異抄《たんにしょう》』冒頭《ぼうとう》では「弥陀《みだ》の誓願《せいがん》不思議《ふしぎ》」と言われている。

「不思議」とは、『歎異抄《たんにしょう》』第十章の句でいえば「不可称《ふかしょう》・不可説・不可思議」のことであり、「言うことも、説くことも、想像もできないこと」である。「弥陀《みだ》の誓《せい》願《がん》」は、言葉で表現することもできなければ、思《おも》い浮《う》かべることもできないのだ。

「阿弥陀仏《あみだぶつ》のお約束」と聞くと、「どんな悪人も、念仏さえ称《とな》えれば、死んだら極《ごく》楽《らく》に生まれさせてくださる」という程度に早合点《はやがてん》して、「おとぎ話」のように考える人が少なくない。しかし、それは自分の経験や知識から「想像」しているだけであって、本当の「弥陀《みだ》の誓願《せいがん》」は「不可称《ふかしょう》・不可説・不可思議」なのである。

だが「説けない」からと黙《だま》っていては、伝えることはできないから、文章で表現するしかない。絶対、言葉にできないものを、言葉にしようとすれば、平凡《へいぼん》な論理や説明を超《こ》えた文言《もんごん》になるのは当然であろう。

不可思議の弥陀《みだ》の誓願《せいがん》を、どの角度から説明すればよいか、どう例えたら少しでも分かってもらえるか、その悩《なや》みが大部《たいぶ》な『教行信証《きょうぎょうしんしょう》』六巻になったのである。さかのぼれば釈迦《しゃか》が七千余巻の経典《きょうてん》を説かれたのも、「弥陀《みだ》の誓願《せいがん》」が「不思議」だからである。


最後に、『歎異抄《たんにしょう》』のキーワードである、「信《しん》」について述べたい。『歎異抄《たんにしょう》』全十八章の収まる第一章には、「信じて」「信心《しんじん》」「信ぜん」と、「信」の字が三回も繰《く》り返《かえ》される。「信心《しんじん》」は、『歎異抄《たんにしょう》』で最重要の単語である。だが、この「信心《しんじん》」も、常識では理解できない。

親鸞聖人《しんらんしょうにん》の説かれた「信心《しんじん》」とは、「不可称《ふかしょう》・不可説・不可思議」の「弥陀《みだ》の誓《せい》願《がん》」に救われた世界である。だからその「信心《しんじん》」も、「不可称《ふかしょう》・不可説・不可思議」になるのは当然であろう。

親鸞聖人《しんらんしょうにん》が『教行信証《きょうぎょうしんしょう》』冒頭《ぼうとう》で、「弥陀《みだ》の誓願《せいがん》」を「大船《たいせん》」に例えられていることをとにならえば、「信心《しんじん》」とは「大船《たいせん》に乗《じょう》じた」ことである。

同じ船に乗れば、見える風光は変わらないように、どんな人も「弥陀《みだ》の誓願《せいがん》」の船に乗れば、親鸞聖人《しんらんしょうにん》と同じ「信心《しんじん》」を獲《え》て、同じ絶対の幸福に生かされる。

世間では、「信心《しんじん》」は「信仰《しんこう》」と同じ意味に使われ、何をどのように信じようと、本人の自由だと考えられている。だが親鸞聖人《しんらんしょうにん》と信心《しんじん》の異なる人は、まだ「弥陀《みだ》の誓願《せいがん》」の大船《たいせん》に乗っていないのだから、聖人《しょうにん》と同じ彼岸《ひがん》へは渡《わた》れない。

幸いにも仏法《ぶっぽう》に遇《あ》えた人は、正しく聞き開いて、親鸞聖人《しんらんしょうにん》と同じ信心《しんじん》を獲《え》なければ、宝の山に入りながら、何も取らず帰るようなものである。くれぐれも「信心《しんじん》」が異なることのないようにと、唯円《ゆいえん》が泣く泣く筆を染めたのが、『歎異抄《たんにしょう》』だった。

親鸞聖人《しんらんしょうにん》は、説けないことを説こうとする、絶対不可能なミッションに生《い》き抜《ぬ》かれた。その九十年をしのぶ者もまた、涙《なみだ》を禁じえない。

《写真》

P.14　近代化を急速に推進した明治時代の横浜港（近現代 PL/アフロ）

P.16　西田幾多郎（Kodansha/アフロ）

P.20　大正時代の銀座通り（Picture Alliance/アフロ）

P.23　満州事変（Mary Evans Picture Library/アフロ）

P.25　広島への原子爆弾投下（Hiroshima Peace Memorial Museum/U.S. Army/AP/アフロ）

P.26　敗戦で焼け野原となった東京（Ullstein bild/アフロ）

P.210「親鸞聖人得度聖地」の石柱が建つ青蓮院（京都市東山区）

P.229　比叡山の大乗院から根本中堂への坂道

P.252　越後の居多ヶ浜（新潟県上越市）

P.254　稲田の草庵跡（茨城県笠間市）

P.260　板敷山の石碑

《参考文献》

本書の執筆にあたり、参考にさせていただいた単行本・論文のうち、主なものを列記いたします。この場を借りまして、お礼を申し上げます。

赤松俊秀『親鸞』(人物叢書)吉川弘文館、1961年
赤松俊秀・笠原一男編『真宗史概説』平楽寺書店、1963年
石田瑞麿『親鸞とその弟子』法藏館、1981年
大隅和雄「神仏習合理論の展開」(『国文学 解釈と鑑賞』675、1987年 所収)
大隅和雄・中尾尭編『日本仏教史 中世』吉川弘文館、1998年
大富秀賢『親鸞聖人御一代記』永田文昌堂、1929年
梯實圓『聖典セミナー「歎異抄」』本願寺出版社、1994年
笠原一男『親鸞 煩悩具足のほとけ』日本放送出版協会、1973年
柏原祐泉・千葉乗隆・平松令三・森龍吉編『真宗史料集成』(全13巻)同朋舎出版、1983年
菊村紀彦『恵信尼から見た親鸞』鈴木出版、1988年
菊村紀彦『新装版 親鸞辞典』東京堂出版、2001年
国際仏教文化協会研究会編『ヨーロッパの妙好人 ハリー・ピーパー師』国際仏教文化協会、1989年
五味文彦「京・鎌倉の王権」(『日本の時代史』8、吉川弘文館、2003年 所収)
佐藤正英『親鸞入門』筑摩書房、1998年
信楽峻麿『真宗聖典学〈5〉歎異抄』法藏館、2014年
重松明久『覚如』(人物叢書)吉川弘文館、1964年
末木文美士「鎌倉仏教の特質」(『日本の時代史』8所収)
末木文美士『日本仏教史 思想史としてのアプローチ』新潮社、1992年
高橋典幸「武家政権と幕府論」(『日本の時代史』8所収)
高森顕徹『親鸞聖人の花びら』1万年堂出版、2011年
高森顕徹『歎異抄をひらく』1万年堂出版、2008年
高森顕徹監修、明橋大二・伊藤健太郎『なぜ生きる』1万年堂出版、2001年
高森顕徹『なぜ生きる2』1万年堂出版、2013年
武田鏡村『親鸞100話』立風書房、1987年
田村圓澄「神仏習合の源流をめぐって」(『神道宗教』119、1985年 所収)
田村圓澄『法然』(人物叢書)吉川弘文館、1959年
辻善之助『日本仏教史』中世編1、岩波書店、1947年
早島鏡正『悪人正機の教え 歎異抄』筑摩書房、1967年
平松令三『親鸞』(歴史文化ライブラリー37)吉川弘文館、1998年
福永勝美『親鸞教団弾圧史』雄山閣出版、1995年
二葉憲香「真宗信仰の変化と社会的性格の変化」(北西弘先生還暦記念会編『中世 仏教と真宗』吉川弘文館、1985年 所収)
宮崎圓遵・藤島達朗・平松令三編『親鸞聖人』徳間書店、1973年
四衢亮『歎異抄にたずねて』法藏館、2015年
『朝日百科 日本の歴史』3・4、朝日新聞社、1989年

映画「歎異抄をひらく」

原作

高森 顕徹（たかもり　けんてつ）

昭和４年、富山県生まれ。
龍谷大学卒業。
日本各地や海外で講演、執筆など。
著書『光に向かって100の花束』
『光に向かって123のこころのタネ』
『光に向かって心地よい果実』
『なぜ生きる』（監修）
『歎異抄をひらく』
『親鸞聖人の花びら』
『なぜ生きる２』
『手書きでなぞる「歎異抄」』など多数。

脚本

和田 清人（わだ　きよと）

昭和57年生まれ。東京藝術大学大学院映像研究科修了。
主な脚本作品
映画「ギャングース」（2018）、
映画「体操しようよ」（2018）、
テレビ番組「衝撃スクープSP　30年目の真実 ～東京・埼玉連続幼女誘拐殺人犯・宮崎勤の肉声～」（2017 フジテレビ）。

表紙イラスト：追分 文乃

〈著者略歴〉

伊藤　健太郎（いとう　けんたろう）

昭和44年、東京都生まれ。
東京大学大学院修士課程修了（専攻　科学哲学）。哲学者。
著書『なぜ生きる』（共著）
『親鸞聖人を学ぶ』（共著）
『男のための自分探し』
『運命を切り開く因果の法則』など。

人は、なぜ、
歎異抄に魅了されるのか

令和元年（2019）5月22日　第1刷発行

著　者　伊藤　健太郎
「歎異抄をひらく」映画製作委員会 2019

発行所　株式会社　1万年堂出版
〒101-0052　東京都千代田区神田小川町2-4-20-5F
電話　03-3518-2126
FAX　03-3518-2127
https://www.10000nen.com/

装幀・デザイン　遠藤 和美

印刷所　凸版印刷株式会社

ISBN978-4-86626-046-4 C0095